PRIVATE TRAFFIC MARKETING

私域流量运营实战

用户沉淀+商业变现+风险规避

姜云鹭 ◎ 编著

化学工业出版社
· 北京 ·

内容简介

本书从实战的角度出发，系统讲述了私域流量运营的必要性、如何选择适合自身现状的私域流量池平台、如何打造吸引私域流量关注的账号人设、适合开展私域流量变现的产品选择技巧、让更多目标人群成为忠实私域流量的增长策略、私域流量的留存与促活方法、电商等诸多方式的私域流量变现路径、私域流量全运营环节的数据分析与优化、私域流量运营风险清单与相应规避方法、线上线下大规模掘金私域流量案例剖析等内容。

通过阅读本书，读者可以熟练掌握私域流量运营及变现技能，并将其运用至实际工作中。本书非常适合创业者、自媒体运营人员、电商从业者以及企业中从事市场营销、销售推广等岗位的人阅读学习，也可用作职业院校相关专业的教材及参考书。

图书在版编目（CIP）数据

私域流量运营实战：用户沉淀+商业变现+风险规避/姜云鹭编著. —北京：化学工业出版社，2024.4
ISBN 978-7-122-45212-2

Ⅰ.① 私…　Ⅱ.① 姜…　Ⅲ.① 网络营销
Ⅳ.①F713.365.2

中国国家版本馆CIP数据核字（2024）第053047号

责任编辑：耍利娜　　　　　　　　文字编辑：袁玉玉　袁　宁
责任校对：刘　一　　　　　　　　装帧设计：王晓宇

出版发行：化学工业出版社
　　　　　（北京市东城区青年湖南街13号　邮政编码100011）
印　　刷：北京云浩印刷有限责任公司
装　　订：三河市振勇印装有限公司
710mm×1000mm　1/16　印张13¾　字数209千字
2024年8月北京第1版第1次印刷

购书咨询：010-64518888　　　　　　售后服务：010-64518899
网　　址：http://www.cip.com.cn
凡购买本书，如有缺损质量问题，本社销售中心负责调换。

定　　价：59.00元　　　　　　　　　　　　版权所有　违者必究

PREFACE

前言

　　不管是零售、消费品，还是电商之间的竞争，都在逐渐进入一个全新的时代——存量用户争夺时代。在这个时代当中，用户如一块总量相对固定的蛋糕，受到各方的明争暗抢，即使看起来非常忠诚的客户，也随时可能被平台上的其他店铺通过各种各样的方式挖走，甚至还有可能会被其他平台的商家挖走，比如小红书等社交电商平台，以及快手、抖音等短视频平台。因为用户的总量是固定的，当商家难以获取到新客户时，就只能与其他平台竞争。所以，如果商家能快速打造起专属于自己的私域流量池，那么在未来激烈的存量用户争夺战中，将会立于不败之地。

　　所谓私域，可以把它理解成自己的领域。私域流量池当中的所有用户都是属于自己的，沉淀在自己的微信群、个人微信号或是其他社交媒介当中，别人想要从中抢走这些用户并不是一件简单的事情，也正因如此，私域流量的崛起使得商家看到了新的突围机会。

　　随着流量成本成为众多企业"不能承受之重"，以私域流量为代表的低成本流量运营方法异军突起，广泛受到从业人士的重视，也为相关知识产品带来广阔的市场前景。本书为读者全面讲述私域流量相关知识，希望通过理论及案例讲解，帮助读者全面提升实战技能。

本书注重为读者系统讲述私域流量的崛起背景、运营逻辑、运营定位、流量池建设方法、支撑体系构建、渠道探索、私域社群的B2C+C2C驱动闭环、私域流量增长方法以及私域流量商业变现方式等，同时辅以个人/商家私域流量运营案例讲解，全面且实战性强。希望本书能够帮助读者认识和理解私域流量，进而打造个人的私域流量池。

由于笔者水平和时间有限，书中难免存在不妥之处，望广大读者批评指正。

编著者

CONTENTS

目录

第6章　渠道探索：不同渠道运营私域流量的差异　126

第7章　社群建设：形成B2C+C2C驱动闭环　146

第1章

私域流量：
私域流量崛起背后的
商业现实

    各平台将私域流量运营中的社交传播进行基础数据量化，使其更直观、更明显地展示在大众面前，越来越多的人因此了解了私域流量，它的商业化价值也越来越凸显。私域流量崛起，是流量成本持续上升背景下诞生的新机会，也是自媒体发展后的必然结果。

1.1 正本清源：私域流量的准确定义

从2019年开始，我们常常会听到"私有域流量（简称私域流量）"这个词，整个运营圈、营销圈，甚至整个互联网圈的人都在讨论私域流量。

私域流量这个词人气暴涨，是因为以下两个方面的原因。

一方面，在当今时代，每个商家想要通过线上渠道来吸引流量，都必须要面临三大难题：获取流量的成本不断提高，吸引客户的难度不断提升，获取客户信息越来越难。

在大平台上通过付费的方式购买流量，购买来的流量质量非常差，想要转化需要耗费大量的精力；在搜索引擎中通过竞价排名的方式来吸引流量，竞争的人越来越多，竞价不断提高，获客的成本也不断提高；要通过收集客户信息的方式来获取流量，获取到的号码当中，有90%是空号……

另一方面是社交红利。许多人都发现了社交带来的红利，并以此为基础，创造了一套全新的商业模式。

以上就是"私域流量"这个词能在短时间内火爆整个互联网的原因。那么，我们应该通过什么样的方式面对私域流量？

想要抓住这波风口，就必须要了解私域流量究竟是什么，什么样的流量属于私域流量，应该通过什么样的方式去做私域流量。接下来介绍私域流量是什么和什么样的流量属于私域流量。

第一，私域流量是什么。

想要了解私域流量，就必须要先了解另一个概念——公有域流量（简称公域流量）。显然，两者之间是相对的关系。简单来说，可以把公域流量理解为公共流量，也就是所有人都能使用的流量，但想要使用这些流量，需要花费一定的成本，且不具备可持续性。

具体来说，就是线上平台上的流量以及线下流量。线上平台当中最具有代表性的是阿里巴巴、腾讯、京东等巨头，它们手中掌握着大量的流量，而且这些流量是公用的，平台上的所有用户都能使用。

接下来，再来了解一下私域流量。简单来说，私域流量就是以公域流量平台为基础的可控流量池。

在这里，以微信作为例子来分析。若在整个微信平台上，共有10亿活跃用户，这些就属于公域流量。在微信平台上，还有许多微信群、微信公众号、个人号、微信群当中的用户、公众号的粉丝、个人号的好友等，这些都属于私域流量，因为可以通过合理的方式来对这些流量进行运营和维护，可以控制这些流量。

在这里，通过一张图（图1-1）来让大家更容易弄清楚公域流量和私域流量之间的关系。

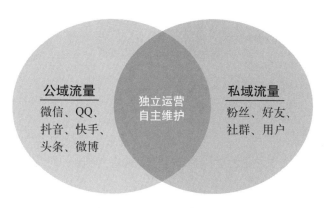

图1-1 公域流量和私域流量之间的关系

综上所述，私域流量有着许多公域流量不具备的优势，其中最重要的一点是：我们无法控制公域流量，但能控制私域流量。一般情况下，除非违反了公域流量平台的规则，否则我们可以随意地在公域流量平台上运营自己的私域流量。如果能做好私域流量，那么我们就能大幅度地减少获客成本。

举个例子，在搜索引擎上花费大量的金钱去购买流量，但买来的流量却难以进行转化；而如果能充分利用搜索优化的方式将流量引到公众号或个人号当中，然后再花费一定的精力去经营，那么往往会取得不错的转化效果。这样一对比，后者的获客成本明显比前者低。

私域流量的作用，就是让各商家能够以较低的成本把流量转化成为客户。因此，对于商家来说，私域流量是非常重要的，越来越多的商家意识到这一点。

第二，什么样的流量属于私域流量。

想要了解这个问题，必须要先了解私域流量的本质。从本质上来讲，私域流量是对用户关系进行管理。前面提到，私域流量具备可控性，这就表示，我们可以通过各种各样的方式来控制私域流量。我们与用户之间的关系究竟是紧密，还是疏远，取决于通过什么样的方式来进行运营。而我们与用户之间的关系，主要可以分为四个层次，如图1-2所示。

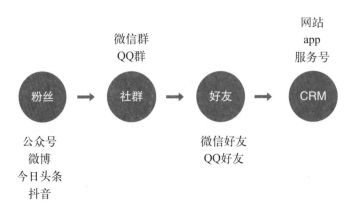

图1-2　私域流量层次递进关系图

一是最浅层：粉丝。

在微博、公众号、今日头条等社交平台中的粉丝，属于最浅层的私域流量。这些私域流量与我们之间的关系是最疏远的，一旦受到外界干扰，这种关系很有可能会断掉。

这种类型的私域流量，接收的信息通常是单向的，想要维持这种关系，运营者就必须不断地创造出粉丝喜欢的内容。内容越受粉丝的欢迎，转化的效果就越好。

二是中间层：社群。

在创建的QQ群、微信群当中的用户，属于中间层的私域流量。即使彼此之间不属于好友，但至少是群友，也能算得上是朋友。在同一个微信群中的用户，之所以会聚集到一起，是因为有着共同的爱好。既然有着共同的爱好，那对他们进行运营也是非常容易的。

需要注意的是，这种类型的私域流量，接收的信息通常是多向的。他们的信任程度要略高于粉丝，想要维持好这种关系，运营者就必须要以社群为基础，不断地举办群讨论、群活动、群直播等，这样才能够使转化效果得到提升。

三是次深层：好友。

个人号上的好友，属于次深层的私域流量。就现在的情况来看，主要是QQ好友以及微信好友两种，因为这两种是国内目前最主要的社交软件。

这种类型的私域流量，信任程度是所有私域流量当中最高的，转化效果也是最好的。因为好友之间是能够直接进行交流的。交流的次数越多，双方彼此了解的程度就越深，越能获取到对方的信任，只要可以确保运营方式正确、有效，经常性地向他们推荐质量好、性价比高的产品，就能直接变现。

四是最深层：CRM系统。

经过大量观察，笔者得出一个结论：私域流量层次的高低，并不取决于信任关系，而是取决于关系管理的强度。因此，笔者认为，推动最深层次私域流量变现的，应该是CRM系统。CRM系统，即customer relationship management系统——客户关系管理系统，是一种新型的管理机制，其核心思想在于客户关系的一对一管理。CRM系统主要使用现代化的信息技术来完成企业与客户在推广、策划、销售和服务等环节的交互工作，让客户享受到具有创新性和个性化的服务。CRM系统的使用可以优化企业各业务环节中的服务水平，达到吸引新客户、减少老客户流失以及增强公司市场竞争力的目标。

应用程序、官方网站、小程序、微信服务号、个人号、个人店铺等，都配备了CRM系统。这个系统的主要功能是对用户的一系列行为数据进行记录，里面清楚地标明用户一步一步地从浏览到注册登录，再到使用，最后到付费的全过程。更为重要的是，该系统会自动地根据这些数据来为用户打上相应的标签，然后再根据标签对这些用户进行分层分类的自动化管理，实现真正意义上的"千人千面"个性化营销与运营，能大幅度提升营销效果。

因此，可以将私域流量分为四种不同的类别，层次由高到低分别是：CRM系统、好友、社群、粉丝。

1.2 存在基础：流量成本高企背景下的个体机会

近年来，私域流量成为互联网领域的热词，互联网巨头纷纷制定了与之相关的发展战略。疫情之后，消费主场已经开始从线下实体经济转移到线上赛道，私域经济发展也进入了快车道。在后疫情时代，消费市场的加速回暖为私域经济的发力提供了更加有利的环境。

与此同时，政策方面的利好也在助力私域经济的发展。财政部发布的《企业数据资源相关会计处理暂行规定》中指出，企业使用的数据资源，符合《企业会计准则第6号——无形资产》规定的定义和确认条件的，应当确认为无形资产；企业日常活动中持有、最终目的用于出售的数据资源，符合《企业会计准则第1号——存货》规定的定义和确认条件的，应当确认为存货。由此可见，数字资产时代已经向企业敞开了大门，政策方面的优惠和支持正在鼓励企业保护好、经营好自身的数据资源，而私域流量运营正是企业沉淀属于自身的数据流量资产的极佳方式，对于企业私域数据资产的建设、部署和利用具有极其重要的意义。

天猫、微信、抖音、快手都属于各自领域平台当中的佼佼者，然而都在不约而同地布局私域流量，有的低调进行，有的严格规范，但都不难看出各大平台对于私域流量的重视程度。那么，如此备受关注的私域流量背后到底意味着什么呢？

事实上，想要对私域流量进行准确的解释，还真不容易实现，毕竟它并没有一个准确的定义。某企业运营总监认为，私域流量主要具备三大特点，如图1-3所示。

属自己所有　　可免费触达　　可反复使用

图1-3　私域流量所具备的三大特点

私域流量运营实战：
用户沉淀＋商业变现＋风险规避

根据上述特点，我们可以将其简单理解为"回头客"。精细化运营用户是私域流量的底层逻辑，也就是说，相比于以往对用户的粗放式管理，在接下来的流量竞争中，各大平台都更注重对用户的全生命周期进行系统的管理，包括用户留存、转化、复购、分享等重要节点。

事实上，判断流量属于私域还是公域，最重要的标准在于流量的所有权归谁。归个人所有，那就是私域流量；归平台所有，那就是公域流量。以这一标准进行分析，可以说私域流量从用户接触互联网开始就已经存在于各大平台当中，微信、微博、抖音等都是承载用户流量的工具。只要流量掌握在个人手中，统统属于私域流量，比如微博大V、抖音红人等，都是通过平台的公域流量池来吸引用户，将流量沉淀下来转化为私域流量后才有可能实现商业变现。

所以，私域流量绝非一件新事物，它只是在一轮又一轮的互联网巨头流量存量博弈中，越来越受到重视的个体机会，经过多年的酝酿，加上新技术的加持，到2019年得以爆发。

私域流量蹿红的背后原因正是互联网流量红利逐步消失，获客成本上涨。当流量的增量红利犹存的时候，商家只要参与到主流电商平台当中，都可以获得分配市场蛋糕的机会。然而，当市场增速减缓，竞争对手却有增无减时，抢夺流量的形势则变得严峻起来。如果商家营销的速度跟不上流量成本的上涨趋势时，商家则面临亏损的境地。阿里获客成本从2018年279元到2022年1302元。可以看到近几年来获客成本整体呈现上升趋势，尤其是2021年以来获客成本的增长速度大幅度提升，各企业在私域流量领域的布局是加速获客成本提升的重要原因。

正是由于流量成本的逐渐升高，才有越来越多的人想要入局私域流量。以当下的拼多多、云集等平台为例，它们都是依托于微信用户而逐渐发展起来的社交电商，并且可以说是运营私域流量的典型代表，因为它们能够将无数个私域流量汇聚在一起，并且将其转移到自身平台当中。相关数据显示，2023年7月，拼多多日活跃用户数（daily active user，DAU）约3.07亿，月活跃用户数（monthly active user，MAU）约为6.56亿。

私域流量的风口已经打开，目前正在迅速延伸至各个领域，不仅仅是阿里、腾讯、快手对其进行了战略布局，还有许多依托于微信平台的创业商家也都在快速进行战略调整，并且可以看到很多知名投资机构也在纷纷布局，包括红杉资本中国基金、金沙江创投、源码资本等。

1.3 引爆原点：自媒体大发展后的必然结果

解读私域流量不可避免地要谈到自媒体。自媒体是时代发展催生的产物，可以说是互联网发展的必然结果。现代社会发展进步的步伐越来越快，每个人在进入社会并且深入接触社会规则的同时，对自己的学识等个人知识储备就会有全新的要求和提升的愿望，希望分享和学习的心情会愈发强烈，许多自媒体因此出现。

根据现在的发展趋势预测，自媒体大发展是未来的一个趋势。科技进步使一些传统行业受到冲击，传统行业从业者急于寻找突破口冲破目前的困境，找到新的机遇和转折点，因此也在慢慢摸索自媒体的营销方式。自媒体正在成为支撑人们工作和生活的重要载体之一。

经济社会的进步给每个人提供了无限的机会，但在面临机遇的同时，人们也在思考挑战的风险。每个人都是独立的个体，从生下来就有着强烈的好奇心，拥有了解世界的强烈愿望。随着时间的推移，成长中也会遇到许多展示自己的场合，需要发挥自己特长。马斯洛需求理论提出了人的最终目标是自我需求，是实现个人价值。在现代社会实现个人发展的强烈需求下，自媒体创作者越来越多，自媒体市场快速增长。

在这种情况下，大部分私域流量运营者都会引爆原点来激发整个产业链的活力。互联网行业引爆原点，是指以一个特定的基础人群为原点人群，从这个核心点出发，辐射到相关的许多方向和人群，从而影响整个产业链的行为模式。

私域流量运营中的原点人群一般是指消费者群体中具有适宜性、权威性、示范性的部分群体，以这群人作为原点人群的理由是其影响力更强。大多企业会选择对产品和品牌熟悉、有一定见解的消费者作为代表，这些人大部分会由于不同的经历和社会地位而有高于一般消费者的品位，通常表现在鉴别欣赏和购买能力上。

私域流量选择的原点人群很具代表性，这些人大多掌握话语权或者有一定的影响力，因而会影响到其他消费者。私域流量消费者的消费选择和购买决定会根据原点人群的选择转变而改变，因此，原点人群的选择需要慎重，他们的影响力不容小觑。

私域流量原点人群的选择范围法则可以简单总结成如图 1-4 所示的三个部分，这也是私域流量原点人群选取的基本法则。

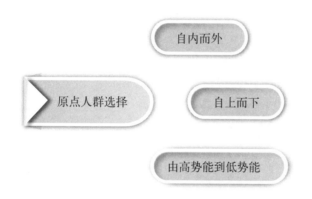

图 1-4　私域流量原点人群选择注意点

一是自内而外。

与大多数的选择方式一样，私域流量的原点人群选择采取自内而外的选择方式。我们可以把它简单理解成由核心人员向外的辐射选取，以最重要的种子用户为核心，一层一层地扩大选取范围；也可以市场主要需求为核心，按照需求类型选择原点人群，并且向外逐渐扩散。

这种选取方式主要是为了保证原点人群层次的多样性，增强原点人群圈层选择的准确性，只要种子用户没有选取错误，那么这种选取方式所选出的原点人群就具有代表性，可以代表市场，同时可以对消费者产生影响。自内而外选出的原点人群大多不会出错，也不会有起不到应有效果的问题。

二是自上而下。

私域流量原点人群的选择需要自上而下渗透推移，私域流量的后台系统会准备详细的用户画像数据，而后以此为依据整理出用户金字塔。一般情况下，金字塔顶端是私域流量种子用户，也就是原点人群的核心。这种选取方式是为了选取的原点人群核心样本不偏移。

一般而言，这种自上而下的选取方式选出的原点人群具备话语权和鼓动性。因为他们的社会经历、品位在平均线之上，甚至更高，所以消费者会下意识地模仿并跟随原点人群的消费行为和决定。这就在一定程度上奠定了品牌借助私域流量原点人群营销成功的基础。

三是由高势能到低势能。

高势能的定义是付费能力高、消费意愿强烈、有明确偏好的高净值消费人群，也就是种子用户。私域流量运营是为了流量红利，因此，高净值用户是必须要牢牢抓在手心的。从高势能到低势能的原点用户选取，为的是营销中消费者能力范围的可增长。在高势能原点用户的带动下，私域流量品牌（本书简称私域品牌）的消费趋势会有明显变化。

其实这三种选取方式并不能完全割裂，它们很大一部分是重合的，所以大部分时候这三种选取方式同时使用，选取出的原点人群会更加准确。通过比较选取数据，我们可以发现，原点用户的选取其实一直在强调高净值种子用户的重要性。

说过了原点人群的选取，下面来简单说一说原点人群应该具备的三个特性（如图1-5所示）。我们可以通过这三个特性来了解为什么私域流量运营会采取引爆原点的方式激活产业链生命力，原点人群为什么重要。

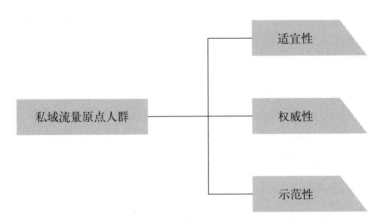

图1-5　私域流量原点人群具备的三个特性

私域流量运营实战：
用户沉淀＋商业变现＋风险规避

第一，适宜性。

私域流量运营者选定的原点人群应该具有适宜性。这种适宜性体现在市场导向上，原点人群的消费需求应当是符合市场的。原点人群作为引爆点应当是一个正确的市场导向，简而言之，原点用户不能选择单纯地追求高消费、小众独特这样的群体，因为很容易忽略实用性和市场接受度。

第二，权威性。

私域流量运营选定的原点人群需要具有一定的权威性。有影响力、有话语权的原点人群是最佳的引爆人选，消费者会更信任私域流量品牌通过原点人群进行的营销。原点人群的权威性与营销效果成正比，更具权威性的原点人群会有更好的引爆效果。

第三，示范性。

私域流量运营选定的原点人群还要具有示范性。这通常表现在原点用户需要有一定的市场预先性，原点用户在使用产品过程中展示的东西可以是消费者市场上有时效性的产品，或者是高端限量产品，也可以利用原点用户进行产品的预先营销和前期造势，这样才能让消费者产生购买欲望。

私域流量品牌在自媒体发展时代，需要用已有认知将自媒体的营销效果发挥到最大。私域流量品牌可以预先对原点用户进行新事物、新产品和服务的渗透，赢得原点人群的选择，从而引爆原点，更好地发挥原点人群的营销作用。

1.4 商业价值：社交传播可数据量化凸显商业价值

人是群体动物，社交活动在生活中占有很大的比重，大部分人的工作和生活中都充斥着各式各样的社交场景，我们的生活和工作在无形之中被共享和传播，于是，社交传播成为最常见的信息文化传播方式。然而，生活中的社交和商务场景很多时候是分不开的，因此社交的商业化在很久之前就出现了。

随着时间的推移，社交商业化的结合程度越来越高，互联网社交软件的推出更是将社交传播的特性和价值完全发挥出来，社交商业化成为常态，私域流量正是社交商业化的产物之一。私域流量营销是借助社交完成商业化行为，因此它的商业价值体现在社交的商业化和数据化。衡量一个事物的商业价值，主要从如图1-6所示的四个维度进行分析。下面先简单地分析一下私域流量运营所体现的商业价值。

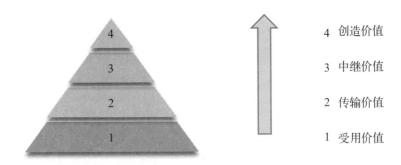

图1-6 衡量事物商业价值的四个维度

第一，受用价值。

受用价值也可以叫实用价值，是最基本的体现商业价值的一项标准。体现受用价值的产品和服务，是市场上数量最多的一项，但是其作用只是最基础的，商业价值往往不大。只要商品是可实践、可以指导实践的，其价值都可以算在受用价值中，有商业价值的体现，但是几项标准中商业价值最低的。

私域流量中的受用价值是指有固定的用户群，有基本的营销策略可供市场应用流量。而私域流量运营将社交商业化，是最基本的运营手段，它能更有效地拓展运营实践活动，为后续的商业实践提供新的变现可能。

第二，传输价值。

传输价值是指在将原有的信息或内容、货物原封不动地传递出去、传播过程中就可以体现收益的价值。它是建立在受用价值基础上的，是最基本的商业化。体现传输价值的产品在市场上数量较多，可满足市场上大部分的需求，也是基本的商业价值体现之一。我们可以简单地将其概括为私域流量营销这件事本身，私域流量营销本身体现的就是它的传输价值。

第三，中继价值。

中继价值指的是从市场的原有事物中后续派生出的价值，是在前两者基础之上的价值升级。中继价值在受用价值和传输价值之上，由于经过了总结和分析，带有个人色彩，能够满足在特定范围内更高级的市场需求。体现中继价值部分的产品或服务等在市场数量上所占比重较小。

对于私域流量运营而言，对社交数据的量化主要是体现在了它的中继价值部分。它是由后台数据总结而成的直观化的资料，是具有个性色彩的差异化数据，从而发现自己的优劣条件，并且进行有针对性的合理化改进，进一步提升运营现状。

第四，创造价值。

创造价值指的是经过总结和摸索后，得出的可以弥补市场不足的产品和服务等附加价值。这是最高级商业价值的体现，它的价值要大于受用价值、传输价值和中继价值，同时也是所有价值中所占比重最少的。能够体现创造价值的产品，没有明显的载体限制，可以是无形的思想知识等产品，也可以是有形的，最主要是其具有革命性意义，可以弥补市场空缺，能够为运营者产生巨大的价值。

对于私域流量运营而言，对社交数据的量化之后所产生的应对措施和运营方式，以及后续产出的独特性内容、个性化产品和服务等，就是体现了商业价值中的创造价值部分。这一部分内容可以弥补市场的空缺，满足的是现阶段市场上最高级的特定要求。

在介绍完私域流量运营所体现的商业价值之后，下面来进一步了解私域流量运营对社交数据量化之后的简单应用，在这里我们只简单提及如图1-7所示的三部分应用内容。

图1-7　私域流量运营对社交数据量化的三个简单应用

其一，社群管理。

社群管理对于建立一个健康、认知度高的私域流量品牌来说，是一个重要的环节，私域流量品牌要懂得借助自媒体扩大影响力，发挥自身优势。在这种情况下，在管理中如何应用好数据是关键，量化社交数据的其中一个应用就是社群管理。

私域流量运营者可以利用量化好的社交数据对社群进行管理，数据体现的是社群用户和市场对私域流量的主流需求。数据结果较好的几项就是私域流量在市场的优势项目，可以继续保持下去，社群的主题活动也可以围绕这几个数据内容进行；对于数据不好的几项内容，运营者要总结经验，避免问题再次发生。

其二，内容开发。

私域流量的运营可以在很大程度上提高企业的内容开发能力，运营者应该重视数据的利用和分析，私域流量运营者需要经常检测市场数据的变化，并且结合社交数据的量化结果重新思考私域流量品牌营销活动的组织和实践策略。社交数据的量化代表用户需求，私域流量公司运营者有责任倾听用户的心声，并且对接下来的内容开发及创新等环节进行调整。

私域品牌主题和形象的策划和管理，要保证形象正面、可信赖、有温度、有品质；私域流量运营者需要根据业务数据和品牌目标，对前期策划的品牌活动做出有效的评估预判，确保最后实施的可行性；私域流量运营者还需要结合量化的社交数据信息进行积极创新，要有专人负责社群的组织和宣传等工作。

其三，实时分析。

运营本来就是一个要求"永远在线"的工作，要以真诚和温暖回馈用户。运营本身不是一件容易的事情，它包括很多内容：在社群中听取用户反馈和意见；结合量化的社交数据重新考虑与客户沟通的方式，提供最优质的服务；结合量化的社交数据结果预测用户的留存率，甚至是转化率。

以上就是私域流量运营所体现的商业价值，以及私域流量运营对社交数据量化之后的三种简单应用。对于私域流量运营而言，自媒体绝对是扩大自身知名度的一个良好的营销方式。在自媒体大发展的现在，私域流量要重视对自身社交平台数据的量化，重视数据暴露出来的种种信息，并运用到实践中去。

1.5　主攻方向：在圈层经济、长尾经济上的价值更高

现代社会发展变化迅速，不知道大家是否注意到一个正在发生的现象：在日常生活中，绝大多数人都倾向于和自己有共同兴趣爱好和共同价值观的人打交道，久而久之就形成了属于自己的社交圈。不同的社交圈有不同的特征：年轻群体的兴趣圈特点一般是高黏性、高线上消费能力；中老年群体的兴趣圈特点是趋于稳定，偏爱安逸，消费的潜力仍有待挖掘。

互联网的发展改变了人们的聚集形式，高速信息化使原来的整体发生了动态演变，将人们联系得更加紧密，更社会化，真正做到线上线下统一。在信息世界中，所有的元素都被重新分类和收集。不同的产品会通过不同的圈子和场景出现，不同的圈子又辐射着不同的人群。因此，圈层社交是未来的大势所趋。

现代社会背景下私域流量用户基于兴趣、爱好和行为有着不同的价值观，形成独特的圈层经济。移动互联网消除了用户需求表达的障碍，私域流量的发展进一步改变用户的行为习惯，聚集具有一定文化身份和兴趣的用户，圈层经济逐渐兴起。随着时间的推移，圈层经济的影响范围正在逐步扩大。时至今日，圈层经济已经覆盖我们生活的方方面面，并且以多种鲜明的特点表现出来。

在传统经济体制下的大众消费时代，企业竞争的是规模、产能、品牌、质量等，这些因素只要控制好，企业一般都会发展得很好。随着互联网的迅速发展，私域流量模式的兴起，在大众消费占据主导的同时，小众消费进入更多人的视野，并形成自己的经济模式，即圈层经济的消费模式。私域流量运营发展圈层经济的特点如图1-8所示，有以下三个特征。

图1-8　私域流量运营发展圈层经济的特点

第一，快速消费引起的产品迭代周期变短。

随着互联网的飞速发展、私域流量的推动，一个私域流量品牌从诞生、发展、销售、消失的整个过程都格外短暂。有些经营不善的品牌从诞生到宣布破产甚至不到一年，市场竞争激烈。

私域流量的发展导致品牌营销发展速度明显加快。但是应当注意，从前的各种热点往往是由于一种热效应的瞬时发展，而这种效应每次都是很快引起人们的注意，然后消失，也就是说，这种效应并没有在自媒体时代没落。

第二，圈层化特征明显。

私域流量运营一般采用社群化，社群成员是由一群特定属性的人组成的。社群的成员大多有着共同的价值观、一致的爱好和目标，甚至有着同样的品位和共同的消费观。整个社群就像一个小社会，成员们聚集在一起，互相影响，寻找社群之外有共同特质的人加入。

第三，去中心化。

去中心化基于以上两点的特质，以私域流量运营账号直接与用户联系，是用户和私域品牌运营者之间一对一交流，并且最终产生交易行为的整个过程。

私域流量去中心化是一种趋势，用户主动与运营者交流沟通，并在后续关系维护中达成协议。去中心化要求用户应该首先与私域流量运营者达成一致，认可提供者的价值是合理的，用户可以接受被提供的价值，整个过程中不需要第三方的介入。

随着社会的发展，社会圈层的表现和分界越来越明显。那些走入圈子里的人已经自动完成自己的私域圈层设置。

经统计，私域娱乐等购物圈层用户数量正在以每年数千万的速度增长，私域办公圈层规模也有大幅增长，而私域流量营销在兴趣圈的渗透率也初具规模。这些圈子彼此间相互独立，有自己独特的圈子文化，互不干扰，甚至某个圈层发生了巨变，但对另一圈层来说甚至激不起一点水花，毫无影响。

在这种情况下，私域流量营销应该怎么主攻圈层经济，也是当下私域流量企业（本书又称私域品牌企业，简称私域企业）必须思考的。因为圈层经济显然是未来私域流量的必经之路，在此简单总结了四点。

一是种子用户的精准选取。

私域流量运营者应当借助系统重新管理用户，全面搜集用户数据对用户进行全面精准标签，在此基础上重构画像。建立核心种子用户机制，并且完善自身的会员制度。

二是构建合适的场景。

私域流量运营者应当重新思考品牌的场景建设，最好是针对不同情况设计多场景营销。不同的场景可以从不同层面满足用户的多样化需求，同时也可以帮助私域运营者发掘用户和市场更深层次的需求。

三是产业生态圈。

私域流量运营还应当从"社交群"到"平台圈"，发挥个体与社交产业链的活力，并且根据社交数据的量化确定不同类型的群需要，在私域流量运营服务中提供定制个性化功能，打造完整的私域流量圈层生态。

四是重新定义圈层关系。

私域流量运营者要明确每一个圈层都与众不同，要多方撒网，培育不同方向的圈层精英，最大化地促使种子用户的自动裂变顺利进行。

未来的私域流量圈层化会更加多元，也会发出更多的圈层结构。不同私域流量圈层的产生原因和特征都不同，有些圈层可能是基于爱好产生，成员有相同的爱好和目标；但另外一些也可能是基于位置或社区诞生的，成员之间没有相同的爱好和共同的目标。这些都要区别出来，详细分析。但要做好私域流量的圈层经济，最重要的一点是做好资源共享，所有的资源间最重要的是共享圈内人的资源。

如今，随着科技和互联网的兴起，原本不受欢迎的产品在自媒体上也超越想象，甚至成为独特的规模经济。从以前传统经济时，冷门产品就一直有很大的市场潜力，随着私域流量经济的诞生发展，它们已经成为厂家不能放弃的重要环节。长尾经济起源于网络经济，严重依赖互联网。互联网为私域流量提供发展长尾经济的可能性。大规模的志愿参与和业余参与是互联网创造的一种非凡现象，它创造了无尽的市场需求。同时互联网丰富私域流量的长尾经济发展，使市场、机会和收入更加公平合理。

长尾经济是中国经济文化的生动反映，在现在的经济体制下，它正在从少数主流产品和市场向大量狭窄市场转移。只要仓储流通渠道足够大，需求小、销量差的产品的市场占有率也可以达到，甚至超过少数热销产品的市场份额。

私域流量发展长尾经济的实践表明，除了大众眼中的拳头产品，小众和个性化产品也能创造巨大的市场价值。从这个角度看，私域流量发展长尾经济的本质是提供一个长尾市场，就是私域流量为这些产品提供广阔的渠道或平台。运营者通过私域流量运营满足客户的各种个性化、定制化需求，从而吸引足够多的客户形成规模经济。

私域流量运营发展长尾经济，一方面为小众群体提供个性化的选择机会，对需求较小的产品进行精细划分，延伸营销渠道；另一方面，私域流量企业和品牌可以采用协同过滤系统更好地进行营销。当私域系统看到消费者的消费行为和需求时，可以有针对性地进行关联推荐。私域流量运营者可以通过研究顾客的浏览行为和购买行为来建立模型，借此来指导自身的营销方案改进，引领其他顾客的消费行为，从而利用推送，推荐长尾商品以满足消费者需求。

1.6 【案例】为何美妆类账号更易积累起私域流量

私域流量运营中的美妆类账号更易积累流量，主要是因为它的内容形式更相互适宜。俗语有云，爱美之心，人皆有之。美妆类产品一直是拥有广阔流量市场的。现代社会的发展变化中，随着现代人审美意识的增强，不仅女性群体越来越注重自身外貌及装饰，就连男性也开始对美妆有所追求。

时代变迁中，对悦己的理解和追求早已不局限在喜欢自己的人，取悦自己已经成为一种生活态度。美妆需求已成为现代社会消费升级的新需求，消费者在美妆产品的投入上也有了明显增长。种种迹象表明，我国美妆产品市场需求潜力巨大，有极大的发展空间。美妆品牌在这时发展私域流量，是一个正确的选择。毕竟"颜值经济"已然兴起，私域流量时代为想要在互联网市场有所发展、在市场上争取先机的各种美妆品牌和企业涌入，打开了一个缺口。

内容营销是最适合私域流量营销的，因为内容即产品。私域流量产品内容化的一大要求是：必须符合市场，能迎合并满足现有的所有市场需求。也正因如此，美妆类产品成为最适合发展内容营销的产品品类。现实中的情况也印证着这一点，我们能看到很多美妆类账号都成功积累起了私域流量。

美妆品牌的私域流量运营活动，通常以用户为中心策划并开展营销。私域流量运营通过有针对性的营销方式盘活现有的品牌用户，并不断发展新用户。美妆品牌通过私域流量运营先把现有的用户盘活，在维护并留住老用户的同时，用新的营销方式激发他们的购买欲望。原有客户不断产生复购，品牌美妆产品就能焕发全新的市场生命力。

美妆品牌通过私域流量运营与消费者完成互动交易，是通过社交社群利用了私域用户的熟人关系网，可以更轻易地使用户提升对私域品牌的好感度和信任感，使消费者在自己的社交生活中高效、自主地传播自己信任的美妆品牌的商品信息，能有效提升该品牌的购买转化率，这就是私域流量的作用。

美妆品牌想要积累自己的私域流量首先要做的是引流，通过线上、线下相结合的方式进行全方位多层次的引流。主打私域流量的美妆品牌引流渠道多样，这是其品牌低成本引流的首要条件。主打私域流量的美妆品牌建立用户关系链的第一步，是做好用户基础管理和互动，通过线上线下多种途径和方式可以更有效地引流，这些流量红利最终存在于商家的流量池，并经过长时间发展沉淀在私域流量池中。这些流量对主打私域流量的美妆品牌而言，更加安全可靠，且私域后台数据会自动管理会员信息，整个引流过程简单明了。

主打私域流量的美妆品牌运营往往会将线上线下完全打通，一般情况下美妆品类用户往往更喜欢实体店。但主打私域流量的美妆品牌不同，它拥有更多的优势。主打私域流量的美妆品牌不仅具备线下美妆门店用户体验的基础，还拥有私域用户对品牌的信任感。私域流量美妆品牌相对获客成本更低，且有品牌背书，用户可享受品牌专业导购提供的服务。

大部分美妆品牌门店与会员之间具有良好的信任关系。主打私域流量的美妆品牌也是如此，它构建属于自己的独特用户关系链，营造适合自己品牌的消费场景让顾客随时随地产生消费。主打私域流量的美妆品牌通过线上线下融合，能大大提高品牌运营效率，也能降低各项营销成本和前期投入。

主打私域流量的美妆品牌对驻流有自己的一套心得，除了私域品牌创新快、有市场竞争力之外，还热衷于给品牌赋予内涵。品牌本身就有价值，有故事、有历史的品牌可以溢价，这是品牌内涵带来的价值。比如美妆品牌可以打造贴近消费者生活的亲民品牌形象，这样可以有效拉近品牌和消费者之间的距离，增强消费者感知。

主打私域流量的美妆品牌形象的设计与包装有很多种表现形式，可以通过内外形式结合共同展现。有些主打私域流量的美妆品牌博主将自己外部人设设定为颜值高、谈吐优雅、穿着时尚的潮流先锋。主打私域流量的美妆品牌运营人员大多通过日常朋友圈经营人设。他们分享品牌的美妆好物，而其中又混合着旅游打卡，和用户聊美食拉家常，并不集中于单一营销。这些主打私域流量的美妆品牌营销人员可能是消费者朋友圈中精致的女孩，也可能是推荐而来的好朋友。但他们都有着相同的特征：有消费者羡慕的地方。消费者在主打私域流量的美妆品牌运营人员各种推荐的过程中，对主打私域流量的美妆品牌产品产生好感，并产生消费冲动，能解决主打私域流量的美妆品牌对购买与复购的各种忧虑。

其他美妆品牌运营者通过社群和品牌小程序，建立与用户的日常互动，拉近品牌门店与用户的关系。主打私域流量的美妆品牌解构不同圈层人群的社交圈，通过有针对性的内容运营社群，为主打私域流量的美妆品牌带来用户价值转化。主打私域流量的美妆品牌基于微信的小程序运营，能够更快地完成品牌与用户、用户与用户社交关系的连接，私域社群和小程序为用户提供便捷的消费入口。

主打私域流量的美妆品牌用品质生活促进消费者的消费欲望，借此提升用户复购率。现代社会消费渠道愈发丰富，消费者消费意识觉醒，大部分的市场消费需求已经从之前单一的品质需求转向追求全面的服务体验。主打私域流量的美妆品牌在经营思路上另辟蹊径，在保证产品品质之外，在顾客服务方面做到了所能达到的极致，只要顾客有需求（合理、合法），这些品牌就尽最大的努力去满足。

　　近几年来，主打私域流量的美妆品牌提升了对产品研发的投入，而产品质量的提升也在不断推动着品牌用户数量的增长。用户大数据的积累也更丰富，管理也更加细化。主打私域流量的美妆品牌充分利用种子用户积累数据优势，完善品牌自身对应市场的商品数据库，以数据作为产品开发和营销的依托。

　　从产品到用户，主打私域流量的美妆品牌产品数据库里包括每个商品的成分、功效等信息，结合市场消费者需求，将这个数据库与私域用户的皮肤报告和产品形成数据互补，私域流量美妆品牌运营者根据综合数据对市场情况的分析，制订新的营销方案，借此为私域用户提供更有温度的优质服务。

第2章

基本意识：
私域流量的基本运营逻辑

　　私域流量是现代互联网在流量成本增加、接近饱和时，催生出的新概念，其目标是降低获客成本和获得更多的流量红利。私域流量相较于公域流量，更强调品牌化和个人化。与公域流量不同，它关注的不止用户方面，品牌、用户群体性管理和场景才是私域流量运营搭建的重点。

　　只要做好用户管理，私域流量运营就成功了一大半。本章通过比较公域流量和私域流量的基本运营逻辑等特征，帮助读者加深对私域流量的理解，建立私域流量的基本运营意识。

2.1 公域逻辑："过路费"与公域流量运营

公域流量是相较于私域流量而言的，指平台流量归平台所有，而不是个体拥有的部分。平台是品牌、企业和消费者之间的交易和交流中心，对流量、交易数据和客户关系具有较强的控制能力。公域流量就是在这些平台上的，由所有平台入驻商家共享的客户群体。

我们对公域流量都已经不再陌生，商家的流量红利基本是靠内容消费和服务消费，优质的内容和服务可以为电商经营者从各大平台带来源源不断的流量，因此我们说内容和服务是从大平台的公域流量引流的载体。公域流量的获取需要通过内容和服务吸引用户，同时，品牌电商根据自己的后台系统数据分析，争取做到多次分配流量。图2-1总结了公域流量特点。

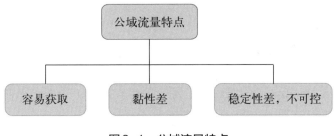

图2-1　公域流量特点

一是容易获取。

公域流量是共享的，因此即使电商在起步时一个粉丝都没有，也不必担心，电商发的内容有平台保障。只要商家有产品信息发布，就可能被平台的原有用户发现；只要商家的产品有吸引力，有市场需要，就会被分发给更多的用户，甚至会有上百万、上千万用户看到。

二是黏性差。

通常情况下通过公域流量获取的用户黏性很差，这通常是因为商家缺少细分的用户管理，运营没有针对性，只能以付费或者活动等方式进行。虽然品牌电商想方设法在平台规则下满足市场需求，但是获取的流量大多并不能转化，无法留存。品牌电商很难对自身获取的流量进行再次或多次触达。

三是稳定性差，不可控。

公域流量获得的用户稳定性非常差，即便能够二次触达也不能保证后续的转化。这些用户并不忠实于品牌，有极大的不可控性。

无论是发展私域流量，还是借助平台公域流量，品牌运营者都要研究清楚平台的流量分配逻辑，这有助于运营者搞清楚流量获取后的多次分配。品牌运营者在明确内容、服务的定位是什么之后，更要想清楚自身品牌产品的市场趋向，细化产品垂类，抓住市场机会。公域流量的运营逻辑其实非常简单，总结起来就是流量、产品和变现，构成了如图2-2所示的现代经济体制下互联网商业模式三要素。

图2-2 现代经济体制下互联网商业模式三要素

一是流量——场景中的用户。

场景是现代商业最重要的一个因素，不同的电商流量和用户类型不同，在不同的场景中对品牌产品产生的价值感知也各不相同。所以品牌电商没有场景就谈流量运营，在这样的前提下，后续流量维护是没有价值的。

我们经常听到的卖伞的事例，就体现了不同场景下用户对产品价格和价值感知的不同。晴天的时候，很多人会觉得伞没有用，即使便宜也没有购买欲望；而赶上暴雨的时候，即使是最贵的伞，消费者也会毫不犹豫地买下。

公域消费者对商品的不同价值感受就犹如大部分消费者去超市购物，其会比较商品价格，为的是买到性价比高的商品。这个所谓的场景可以是一种自然环境，也可以是运营者自行创造出来的一些场景。消费者如果对品牌和运营者足够信赖，就容易产生冲动消费，品牌的运营会更加顺利。如果运营者甚至不能理解自身的品牌场景，那么他一定无法理解公域用户，也无法顺利落地营销策略。

二是产品——最直接的价值体现。

下面我们来聊一聊公域电商的产品。产品本身作为品牌电商流量的形式载体，在类型上可以分为工具、内容以及二者结合这三大类。这三类产品对公域流量来说并没有明显的界限，品牌电商既可以独立营销，也可以推出一个整体方案使它们相互融合。

工具类产品在我们的日常生活中占比较大。品牌电商运营工具类产品，在公域流量形态下可以按行为模式分为社交、搜索和其他三个范式。由此可以看出，社交和搜索已是当今人们生活中最常出现的行为模式，也是公域流量工具产品的主要类别。内容类产品是我们已经非常熟悉的产品类型。"工具+内容"类产品，顾名思义是以上两类的结合。

对公域流量用户而言，他们只在乎自己的需求有没有被满足。品牌商家所能提供的一切都可以是产品，内容是产品，服务是产品，甚至平台也可以是产品。产品有着不同的形式和不同的定义，但对于公域用户来说，他们实际上得到的并不是产品全部，而是产品中能够满足他们需求的部分。在不同的品牌营销场景中，运营者对产品观察的视角应该随着场景的变换而灵活转变。

我们时常会强调场景的重要性，这是因为在不同的消费场景中，用户往往受到自身价值观的制约，从而对品牌电商提供的产品的价值衡量标准产生动摇，影响消费欲望。这个时候就要求运营者有自己的一套分析方式，针对消费者的行为表现来制订有效的营销方案。比如有些人会一次买很多酒，那么他们买酒是为了收藏还是单纯地喝酒？消费者为什么可以将钱和时间都浪费在酒上面，酒对他们而言意味着什么？这些都是运营者要思考的。

许多公域用户非常重视内容产品，他们习惯消费内容。现代社会中，时间就是金钱，消费者为什么愿意将时间交托给内容产品？因为用户市场可能需要这些。只有用户觉得有意义，品牌电商的产品才真正有意义、有价值。比如有些9.9元包邮的生活产品，可能消费者暂时用不到，也可能家里已经买了很多同类产品，但是这个价格的产品一出现还是会很心动。这个产品营销的成功，是因为抓住了消费者这样一个心理：他们觉得产品的性价比高，有囤积的必要。

三是变现——最重要的ROI指标。

公域流量变现指的是投资回报率，它是投资于前两个要素的成本与获得的收益之间的比例关系。投资回报率主要是通过变现来计算流量成本与产品成本、总成本与实现成本之间的比例关系。纯利润质量是否优秀，是品牌企业决策者最终决定企业能否继续经营的关键。

在公域流量池中，工具产品的流动性效率一般低于内容产品的流动性效率。工具产品公域用户通常会因需求在第一时间到达，但这只是消费者的行为模式，而没有交易，不是消费。内容产品就不同了，公域用户在观看内容的同时，会不知不觉地产生消费行为。

从某种程度上说，公域用户的消费行为是基于理性做出选择的。每个消费行为的发生都具有很强的目的性，代表某个时刻的市场需求。但单一消费行为的用户标签属性并不强，它不能作为高频次的用户消费习惯。内容产品的营销是公域用户主动消费行为习惯和被动消费行为习惯的结合，运营者收集数据，进行详细分析，整个前期准备过程实现人群和流量筛选。因此，基于内容产品的品牌企业公域流量的转化效率会更高。

2.2 私域逻辑：更强调品牌IP、品牌信任

在说完公域流量的运营逻辑之后，我们来聊聊私域流量。我们可以将其简单地理解为品牌商家在公域流量的基础上对自己的用户进行的提纯和管理。一般来说，私域流量运营者的运营核心已经从产品转向了用户。也就是说，私域流量的运营更强调个性化、个人化。

个人IP可以理解为个人名片或者个人品牌，代表的是一个人对某些成果的所有权，在互联网时代，个人IP一词包含的内容十分丰富，可以指符号、价值观，或者有大量流量的内容。我们常说的个人化品牌是一个人的价值被宣传和展示后形成的一种特定的认知或印象。对它的所有者来说，"个人知识产权"是一种无形资产，可以很容易地与周围的人联系起来，建立信任，带来溢价，产生增值。其现实意义为体现一个人和与他相关的内容及产品在

某一领域具有很强的专业性、影响力和专家性。人们信任的是这些依靠时间积累"自有流量"的专家。

如上所述，个人化IP是小范围内的影响力专家。类似地，我们可以把IP化的概念加入企业经营的过程中，即实现"品牌IP化"，提升品牌在圈层内的影响力。品牌IP与普通品牌的区别在于：其内涵不仅包括产品，更包括品牌理念、品牌内涵等更高层次的概念。打造品牌IP的思路和打造个人IP有很多相似之处。品牌本身都有大量的人认识，并且会吸引大量粉丝追随，而这些直接或间接关注它们的人就是它们的私域流量。

信任是私域流量发展的基础，用户与品牌、用户与用户所有的合作都来自信任。而品牌IP的私域用户信任打造需要长期持续，才能保持品牌提供的服务质量。这种基于人性化的信任很难建立，但是一旦建立起来，是任何营销手段都无法比拟的。如果通过个人化IP建设，私域品牌获得了优秀声誉，恰好经营者是一个懂营销的人，那么获得的利润将会翻倍。此外，私域企业品牌价值的不断提升，除了收益之外，私域品牌还可以发挥出更大的社会价值。

做任何事都应该有铁杵成针的毅力，有应该坚持的东西，个人化IP的建设也一样。私域品牌的个性化IP打造要以创业的心态经营，不断地调研市场，并根据这些打磨自己的"人设"。在品牌建设的过程中，要暂时抛弃得失心，以品牌成长和自我目标实现为目的。

个人化IP也分很多种类型，私域品牌要根据自身未来的发展方向分别建设。比如知识类IP，就要求私域品牌在不断输出的过程中，也要有意识地进行知识摄入，丰富自己的知识储备，要建立市场上有竞争力、有区别度的独一无二的IP。营销类IP，就要求私域流量品牌在产品包装、销售、售后的整个过程形成闭环，并且根据市场需求不断锻炼品牌运营者的操盘能力和营销思维。

IP化的私域品牌是简介，是名片，是营销方案触达用户的手段，是私域品牌变现的工具。越来越多的品牌认识到，建设一个个人化的品牌IP，是低成本获客的一大助力。

下面总结私域流量品牌打造个人化IP的注意事项（图2-3），供运营者参考借鉴。

图2-3　私域流量品牌打造个人化IP的注意事项

一是清晰准确的自我认知。

私域流量品牌还需要从企业主体的角度出发建立个人化IP。打造企业自有品牌，只是私域流量市场选择中的一种，私域企业的品牌成长应该选择对企业发展最有利的部分。首先要对自己企业有一个清晰明确的自我认知，才能建立一个适合的私域个人化IP品牌。

二是原创内容。

个人化IP的建立需要有优秀的内容作为载体。而为了传播效果，私域品牌运营只做内容的搬运工肯定是不行的。要成功建立私域品牌的个人化IP，就必须创造有传播价值的内容，必须坚持原创。消费者对原创的容忍度较高。目前为止，原创是私域品牌个人化IP建立的唯一途径。

三是思想的正向引导。

个人化IP对用户有很强的号召力，但并不意味着运营者可以肆无忌惮地影响舆论。私域品牌营销不能推销负面情绪，不能滥用舆论。私域品牌个人化IP与舆论的关系，就是船与水的关系——水能载舟，亦能覆舟。对私域品牌运营而言也是如此。运营者对舆论的力量只能引导，不能发动舆论战，尤其是戏弄消费者的舆论。

建设个人化IP首先要注意情感表达，用户会从情感营销中体会品牌的温度，同时决定自己对私域品牌的态度。因此私域流量运营者要从品牌的情感调性出发，依据品牌的情感基调和精神内涵与私域用户进行更深层次的沟通，培养用户对品牌的个人化信任。私域品牌运营者采取更有温度、更人性

私域流量运营实战：
用户沉淀＋商业变现＋风险规避

化的沟通方式，可以使用户对该品牌产生更多共鸣和依赖。

在私域流量品牌进行个性化IP建设的过程中，运营者要注意如图2-4所示的私域品牌的四个核心层次。

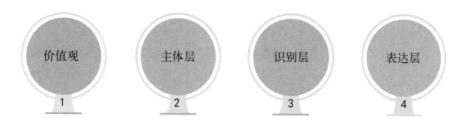

图2-4 私域品牌的四个核心层次

第一，价值观。

私域流量品牌的最核心层面称为价值观。其实品牌的定义中并没有单独提到价值观，而是提到了其中的三个方面，这三个方面的核心就是价值观。品牌价值观是私域品牌灵魂塑造的源泉，是私域品牌个性的统领。

品牌的个人化导致品牌就像一个人，具有精神品格、行为习惯以及含义表达，就连旗下员工的言行本质上都会受到品牌价值观的影响，并以价值观为基准判断是非。因此，价值观是私域品牌个人化IP打造的核心。在价值观的控制下，运营者可以将私域品牌的个性特征通过方案和风格体现出来。

第二，主体层。

私域品牌建设的主体层是品牌"人设"。就像一个公众人物为了吸引粉丝有自己的"人设"一样，私域品牌个人化IP的建立少不了品牌"人设"，运营者应该针对自己的品牌有独特的品牌"人设"。私域品牌"人设"是品牌个性的激活；将它生动地呈现在消费者和用户面前，是品牌的灵魂。

第三，识别层。

私域品牌建立的第三层面称为识别层，是私域品牌个人化IP建设的符号显示层。这个层次指的是私域品牌个性，带有一些由运营者和创始人赋予的典型的识别和沟通的标志，具体表现是一些能够引发私域品牌个人化IP核心用户联想的事物。

在用户传播的构建过程中，也是私域个人化品牌IP的建设过程，最具话题性和潜在性的事件就是私域品牌符号。这些特殊的核心符号经过一段时间的积累后，成为私域品牌个人化IP在市场上的差异标志。

第四，表达层。

最后一层叫作品牌IP表达层，它是私域品牌价值的核心，要求符合私域品牌的内在价值观、精神内核和个性特征。私域品牌个人化IP建设的过程中，运营者需要与目标用户进行高频有效的情感互动。同时，构建品牌代言的媒体矩阵，打造立体化的分销体系。

私域流量品牌的运营最重要的是建立一个与众不同的私域个人化IP品牌，与用户高效合理地沟通，快速与私域品牌的种子用户及消费者建立个人化的信任关系。

2.3 载体变革：公域、私域的差别实质是场景的差别

在传统的互联网模式下，企业的数字化营销存在不少痛点。首先是六无——无入口、无官方网站、无连接、无内容、无流量、无数据。互联网刚刚诞生、发展的时候，合作意识不强，媒体分散化严重。早期互联网用户之间的联系并不紧密，用户行为体现出明显的碎片化特征，导致企业无法接触到准确的客户，这也是企业数字化营销的一大难题。

就算是接触到了用户，但是企业传递的内容质量差，加上网络不完善，传输效率低，就会导致企业与潜在客户无法连接，企业的销售策略无法形成系统，市场资料和线索无法得到更好的应用。在这种情况下，虽然品牌的数字化营销越来越普及，但是它缺乏市场环境。企业无法通过互联网触达用户群，客户数据无法积累并沉淀，企业这方面的无形资产很难得到发展。

而现在企业数字化营销的核心问题在于如何构建并利用好私域流量。私域流量是指以一个或多个私有域作为载体，可以通过外部媒体排出，也可以

通过离线活动导入。私域企业可以对流量进行自主开发、营销、重复经营。从本质上讲，它是企业的私人客户数据，也是私域企业的品牌资产。要建立好私域流量，就要先了解私域流量和公域流量的差别。

公共域流量实际上是首次主动或被动参与开放平台内容曝光的流量。但从字面上讲，公有域流量是公有流量，而私有域流量是私有流量。这是最直接的区别。私有域流量可以不断积累和沉淀，通过关注老用户来加强维护；公有域流量是循环的。

简单而言，私域流量和公域流量的最大差别是场景，也就是载体的革新。进一步解释就是，品牌用户的使用场景是吃、喝、玩、上班、上课这类大场景，毫无疑问是公域流量。而品牌用户的场景转移到个人账号、好友圈、聊天室的时候，就引流成为私域流量。

以淘宝电商为例，从前淘宝网店老板想多卖点货，需要买"直通车"，需要提高淘宝搜索排名。这是公域流量的营销形式。而现在的淘宝店主只需要建立粉丝群和社区，就可将一部分公域流量转为自己的私域流量。

公域流量是集中的，模型的重点是规模经济。由于规模的扩大，经济效益得以提高。规模扩大后，成本分担降低，客户获取成本降低。公域流量运营的核心在于平台影响力、每天在线人数和付费能力。

私域流量是分散的，微信中的社群关系形成天然屏障。如何建立私有域需要与用户关系显得尤为重要，例如，建立官方账户，建立社区，或直接与用户乃至他的朋友建立关系。建立关系的目的在于把握"私有领域的入口"。关系和交互越强，私域流量的质量越好。而个性化服务，体现价值感，则可以与客户和粉丝建立长期、深厚的牢固关系。

在流量红利模式下，用户形成行为的方式是完全不同的。行为的发生需要切中三个要素，其中任意一个要素都是不可或缺的。这三个要素是动机、成本和触发点。公域流量和私域流量的区别在于这三个元素的出现顺序不同。公域流量是动机驱动的行为，而私域流量是触发点驱动的行为。在公域流量下，用户首先有一个动机，然后打开一个软件。在私域流量下，用户通过群聊、官方账号等触发点获取动机。

运营者需要减少公域流量"主动触发"下的用户摩擦。当用户有动机时，帮助他快速完成行为。做用户想要的，这样用户可以快速找到运营者的软件。用户想要的还需有附加条件，就是能不用动脑和花时间，简单便捷。公域流量池的结构为"鸡尾酒"型，用户具有层次性和相对稳定性，忠诚用户、老用户和新用户各有一个相对稳定的比例。要做好"鸡尾酒"，就要调整用户分布比例，这就是精细化运作。

私域流量池的结构为"沙漏"形态，它的用户是动态的和移动的。在小程序中，20%的保留率是一个缺点，而对于普通应用来说，保留率往往是40%和50%，可见微信私域流量的保留率很低。为了操作私域流量，需要在被动触发下减少对用户的干扰。

在了解上述的公域流量和私域流量的区别之后，我们再了解一下如图2-5所示的构建私域流量消费场景时的三点注意事项。

图2-5　发展私域流量的三点注意事项

一是，私域流量中"互惠"是媒介，但不是目的。

在构建私域流量的消费场景时，运营者要注意：私域流量中的"互惠"概念只是一种媒介，是私域品牌营销中常见的语言。运营者要让"互惠"成为和用户间通过沟通达成的最终目标，而不要把此次成交看得太重，否则会本末倒置。

二是，发展私域流量的目的——增加用户的往来。

和单纯的商品销售不同，私域流量的主要目的是让双方建立亲密关系，建立信任。当私域流量运营利用社交关系在用户和品牌之间形成一系列相互交织的关系后，就会出现一种去中心化的内聚力。私域流量的重点在于用户关系的维护，构建消费场景时要从用户出发，否则私域流量运营就是失败的。

三是，私域经济具有"外部性"。

构建私域流量的消费场景时不要专注于产品价值，私域流量经济的商品价值和消费价值在很大程度上是无关紧要的。私域经济的价值，主要体现在通过用户社交达成。私域流量的价值不在于品牌运营本身，商品本身如果卖不出去，就没有价值。私域流量营销，具有很强的外部性。用户通过向家人、朋友分享，让更多的人感知私域品牌商品的价值。用户没有分享，其他人就无法感知到商品价值。

私有领域流量的发展本质是社交经济，也是一种礼物经济。这就意味着私域品牌商品或服务的提供者如果没有明确的预期反馈设计、创造并可持续进行，那么整个运营就是失败的。在这种私域经济中，交易者的目标首先是尽可能维系关系，而不是单纯地在商品的销售中暂时获得一城一池。

私域流量和公域流量的本质差别是场景，因此私域流量的运营要注意场景的精细化建设，分析用户数据，深度挖掘市场，建设符合消费者需求的私域品牌消费场景。

2.4 流量属性：构成私域流量优势的五点特殊属性

本章重点讲述私域流量的运营逻辑，这便必然涉及私域流量特征与公域流量特征间的差别。这些差别既是私域流量优势所在，又是运营、变现的出发点与落脚点，意义重大。总体来讲，相比于掌握在平台手中的公域流量，私域流量有以下五点特殊属性，如图2-6所示。

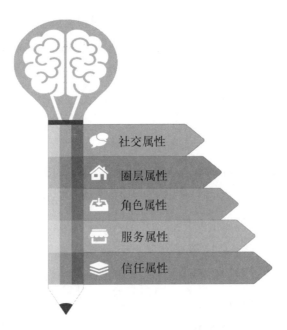

图2-6　构成私域流量优势的五点特殊属性

（1）社交属性

社交关系一直是依托互联网赢得商业价值的"富矿"。对大多数人而言，利用互联网基本上都是在做三件事：搜索信息、提高生产力、维护社交关系。前两点是公域流量的范围，后一点私域流量可发力。

尤其对现代人而言，社交关系不仅意味着可传播、裂变，还意味着有一层特殊的信任关系，因为有社交元素的存在，私域流量才会黏性更高、转化率更高、溢价更明显。

（2）圈层属性

社交关系对每一个人都很重要，前提是自己如果渴望有良好的社交关系，那么在建立社交关系的过程中也会有一个筛选过程，会自然形成一个个聚拢相同价值观念与消费习惯人群的圈子。圈子对同类人群有吸引力、号召力，有黏性，对非同类人群有不同程度的排他性。

在运营上，圈子的好处是大家的目标一致，内容产出与商业转化更为容易，数据转化漏斗相比公域流量要有效率得多。

（3）角色属性

私域流量成员往往集多种角色于一身。其可能既是圈子内容的浏览者，同时也是圈子内容的生产者；可能既是圈子产品的消费者，也是圈子产品的经营者；可能既是圈子信息的传播者，又是圈子内问题的"售后管理员"。承担以上职责可能并不能为他们带来太多物质回报，但精神享受也足以驱动他们持续做下去。

角色属性对私域流量运营而言，可以降低运营成本，但前提是已有能维护住秩序的机制；可以加速私域流量池的扩张速度，前提是私域流量一直能保持好的口碑。

（4）服务属性

金牌口碑都是在提供优质服务的过程中积累起来的，对私域流量运营而言也是如此。公域流量运营中，往往通过层层转化漏斗完成用户付费后才开始服务用户。私域流量运营则往往是通过内容或其他方式将用户吸引到私域流量池中，并与用户建立起深厚的交情，赢得其信任后，用户才会付费，且付费后的用户体验又决定着私域的口碑，决定着用户是否会再次复购。

所以对私域流量而言，应有80%的精力被放在服务用户上（未付费用户与付费用户一致），此后的用户转化与用户复购才会水到渠成。

（5）信任属性

品牌IP的打造能极大地强化用户对品牌的信任程度。一个可信任、可传播、有影响力的品牌IP对用户的吸引力是巨大的，它可以让用户感受到自己和品牌产生了"社交关系"，进而才会驱动私域流量五种特殊属性实现正循环。

2.5 运营闭环：流量—裂变—转化—成交—复购

所谓的私域流量运营策略，详细地说就是按照一个模型，来分析在每一个环节商家需要做什么事情。在对私域流量进行运营的时候，主要环节可以分解为流量—裂变—转化—成交—复购。接下来聊一聊在私域流量的运营环节，我们能够执行什么运营动作，也就是能够做什么事情。

（1）流量环节

假设商家在抖音平台。首先，需要先打造一款引流产品，用来制造某种不对称，从而引起消费者的需求。接下来，再将其投放到抖音公域流量池当中，吸引流量。然后，需要对文案逻辑进行不断地优化，其中最重要的是短视频脚本。举个例子，比如说我们想利用抖音将流量吸引到个人号当中，那么在拍摄短视频的过程当中一定要不断地对视频进行优化，要拍摄出质量好的视频，这样才能吸引到目标客户，才能将流量转移到个人账号当中。如果只是简简单单地拍摄一个视频，那么必然达不到想要的效果。

（2）裂变环节

在这一环节，重要的事情有两件：一件是对裂变路径进行梳理，明确裂变路径；另一件是确定激励方案，简单来说就是邀请到人后能够得到什么奖励。需要注意的是，邀请者和被邀请者都要有一定的奖励，否则吸引力就会不够，双方都没有参与的动力。第一件事情的重点是形成一个闭环，防止出现流量链条断裂的情况，在此建议用个人号作为闭环的首尾端，这样的效果是最好的。第二件事情的重点是确保激励对用户是具有吸引力的。在确定激励方案的过程中一定要遵守两个原则：一是超值，二是稀缺。只有严格按照这两个原则，才能保证流量的增长效果能够达到我们的预期。

（3）转化环节

如果想要高效地利用个人号中好友的购买潜力，那么一定要搭建社群，利用社群来对这些私域流量进行集中管理、运营。当成功地搭建了社群，并将这些个人号中的好友拉到社群之后，接下来要做的就是设计各种各样的活动吸引用户。在设计这些活动的时候，一定要紧紧围绕一个核心——激活用户。无论是打卡、直播，还是秒杀、接龙、发优惠券，所做的一切都是为了激活用户，为后续的成交打下良好的基础。

就现在的情况来看，私域转化链路径主要有两条：一是以线下门店为核心，通过各种各样的线上活动进行营销、宣传，吸引消费者前往线下门店进行消费；二是与线下门店3公里范围内的其他企业进行合作，先打造一个外部精准流量沉淀池，然后再想办法将其转化为自己的私域流量。接下来以一家餐馆为例进行分析。

① 门店转化路径设计

a.店外宣传。

店外宣传主要分为两个部分：一是线上，二是线下。

线上宣传的方式又可以分为两种。一种是利用线上平台进行引流，比如大众点评、美团等平台。在这些平台上，可以发布一些性价比极高的产品，并推出各种各样的超值折扣活动，吸引用户前往线下门店进行消费，在这个过程当中，可以吸引用户对门店进行好评，通过积累好评，逐渐树立起一个良好的店铺形象。另一种是利用外卖平台进行引流，比如饿了么、美团外卖等。在这些平台上，可以发布一些看上去性价比非常高，而且能带来巨大利润的产品，这些产品可以用味道好、分量足、包装好、绿色健康无污染等作为卖点。在外卖中，部分店家会在里面塞上一张小卡片，其中的内容大概是：加店主微信，可以获得礼品或是××元现金红包。这也是一种非常不错的宣传方式，可以精准地留住外卖客户。

线下宣传的方式主要是以门店的橱窗和招牌为核心。店铺如果想要吸引人，一定要结合自身的品牌特色以及产品定位对橱窗及招牌进行设计，且一定要加上简单、好记的宣传标语。

b.消费者进店。

消费者进店后的短短几秒时间，直接决定其是否会在门店进行消费。想要让消费者留下来，就必须要给他留下一个良好的第一印象，可以从以下五个方面入手，如图2-7所示。

（a）着装方面：负责接待的员工一定要穿着统一，给人一种专业的感觉；负责上菜的员工一定要佩戴口罩，给人一种卫生、安全的感觉。这可以展现出门店的正规、专业。

（b）迎接方面：负责迎接的员工一定要热情、有礼貌。当消费者进入门店后，一定要在第一时间接待用户，并引导用户进入座位。落座后，礼貌地询问消费者的需求是什么，然后向其推荐相应的优惠产品或是门店特色菜

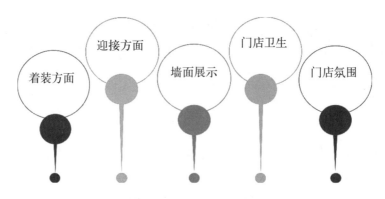

图2-7 给消费者留下良好印象的五个因素

品，给用户留下一个良好的印象。

（c）墙面展示：在店铺中，可以选择一个恰当的位置，利用海报或其他方式向用户展示店内的食材来源、如何进行加工等，让消费者感到店铺的食材是绿色、新鲜、无污染的。

（d）门店卫生：卫生是非常重要的，特别是对于餐饮店来说。试想，消费者是愿意到一家干净整洁的店铺进行消费，还是到一个东西随意堆放的店铺进行消费呢？门店的气味也是非常重要的。如果是餐饮店，那么最好只留下食物的香气，不要有其他任何会影响消费者食欲的味道。

（e）门店氛围：一家环境非常好的餐厅通常都会播放一些柔和的音乐，特别是在西餐厅等，他们非常重视门店氛围。可以适当地放一些校园歌曲、古典歌曲，这些声音能够给消费者带来一种轻松愉悦的感觉。如果门店有相应的历史背景，也可以用宣传片的形式播放一些创始人或店主的故事，吸引消费者。

c.消费者落座。

消费者落座后的一段时间是私域转化很关键的一个时期。如果能够利用好这一时间段，那么就能很容易地将消费者转化到个人微信好友当中。

比如在餐桌上放上一张小卡片，上面写"添加店主微信号参加活动，可以获得奖品"。活动可以是让消费者分享用餐的照片，可以是加入微信群，根据自己的情况设计就好，而奖品最好是菜品、折扣、门店小礼品等。

除此之外，也可以让服务员利用这一饭前时间去引导消费者参加活动，增加消费者参加活动的概率。但需要注意的是，在引导的过程当中一定要注

私域流量运营实战：
用户沉淀+商业变现+风险规避

意消费者的情况，如果他不愿意参与，那就不要强迫对方，而且也一定不要过度推广，部分消费者不愿意参加活动的原因是怕后期受到各种各样的骚扰，一定不要让他有这样的顾虑。

如果直接将消费者拉到群里，有可能会影响他的消费体验，可以利用机器人的自动回复邀请消费者主动加入微信群。需要注意的是，机器人的自动回复一定要精心设置，要用拟人化的方式介绍自己是谁，可以为消费者带来什么样的价值，能为他提供什么样的服务。如果消费者需要人工服务，一定要在第一时间介入。

d.客户就餐。

消费者在就餐的过程中，不应打扰对方。但是，可以在这个过程中利用服务凸显出门店的特色，提升用户的消费者体验，增加留存的概率。举个例子，可以在一个合适的位置安排一位或多位巡检服务员，防止出现消费者在就餐的过程中有需求但却找不到服务员的情况。为了能够更高效、更快速地满足消费者的需求，还应该配备一位或多位机动人员，主要负责补充完成一线服务员无法完成的事情。

e.就餐结账。

就现在的情况来看，对于餐饮店来说，会员体系仍然是最有效的留存方式。当消费者吃饱喝足，前往柜台结账的时候，可以让服务员利用话术引导消费者成为门店的会员，并详细告知对方成为会员后能够享受什么权益。需要注意的是，同样不能强求对方，如果对方明确表示没有兴趣，不要死缠烂打。会员能够享受到的权益最好是能够直接体现出来的，能够量化和变现的，比如充值500元送100元；充值1000元，每次消费都能够获赠饮料一瓶；充值2000元，每次消费都能够获赠一道小菜之类的。

f.就餐结束。

很多人都觉得，消费者就餐完毕，离开店铺后，私域转化就算是结束了，但其实并没有。客户离开店铺后，还可以利用微信或电话进行回访，但一定要注意时间。在回访的过程中，可以针对以下问题进行询问。

（a）消费体验如何，门店有没有什么做得不好的地方。如果有，可以适当地给予消费者一定的补偿。

（b）对门店有什么建议，以便于后续对菜品以及服务进行优化。

（c）消费者是否有继续来到门店消费的意愿，分析消费者是否可以发展为会员。

g.建立会员体系。

门店一定要结合店铺的情况建立会员体系，最好是每月结合当月的情况进行重新设计，每月一换。除此之外，还一定要设计一个能让消费者持续消费、到期后主动续费的会员服务。

对于线下门店来说，会员是非常重要的，是门店的主要收入来源，因此，线下门店一定要重视会员关系的维护、会员资料的管理。

还有一点需要注意：会员的退费机制。就笔者所了解到的情况来看，绝大多数线下门店都是不支持会员退费的，这样的做法极大地影响消费者的体验，还会影响门店的口碑。因此，在合理的范围内，最好是能够允许消费者进行退费；即使无法退费，也要允许消费者将自己的会员权益转给其他人，这样的做法能够提升门店的口碑。

在对会员进行管理的时候，最好是借助一些管理工具以提升效率，比如"聊天狗"。需要强调的是，千万不要使用新注册的微信号进行运营。

② 构建外部流量沉淀池　在建设外部流量沉淀池的时候，主要是以门店3公里范围内为核心，可以利用以下方式。

a.地推：这种方式比较适合刚刚起步的门店。在这个时候，没有太多人认识门店，可以在店铺门口、附近的小区、流量密集的场所进行地推。当吸引到一定规模的消费者之后，再去设计精细的地推活动。地推的人员可以招聘社会兼职人员，也可以让门店员工亲自上阵。

b.微信群：加入门店附近的生活微信群，比如小区业主群、本地新媒体流量群、58同城微信群等。

c.异业合作：和附近的其他门店合作，进行流量置换、互相推广，比如餐馆可以和附近的网吧、酒店相互引流。

（4）成交及复购环节

当私域流量被激活后，少数人会在社群内直接完成转化，绝大多数都是需要我们利用朋友圈、私聊的方式去促进转化、成交以及复购的。在条件允许的情况下，我们应该对每一位微信好友进行标签化管理，在沟通的过程中准确地了解到对方的需求是什么，然后满足对方的需求。

总而言之，只要做好前面所说的几个环节，就能够对私域流量进行变现，利用私域流量带动利润增长。

2.6 【案例】私域流量运营为何常被曲解为微商

2018年末，在各大搜索引擎当中查找"私域流量"一词，能搜索到的信息寥若晨星。到2019年中，关于私域流量的报道、论述、活动等信息几乎每天都在更新。不仅如此，大家对于私域流量的关注度越来越高，讨论也在持续升温。在许多行业沙龙当中，私域流量作为话题与其他话题相比被提及的次数可以说是遥遥领先。

如前面所述，私域流量这一概念并不是凭空出现的，是一直存在于各大平台当中但始终被忽略的。直到2017年，有一些勇敢的电商开始尝试私域流量；2018年下半年开始，私域流量被提及的次数较之以往明显增加；2019年，自媒体新榜发布一年一度的白皮书。《2019内容创业年度报告》中明确指出，私域流量是2019年度的营销关键词。

私域流量之所以备受重视，其背后原因是移动互联网用户红利逐渐消失，流量成本不断攀升。因此，每一位商家都需要想方设法降低获客成本，进而提升利润率，而私域流量则是能解决问题的有效方式之一。然而，在对私域流量进行探讨与运用的过程当中，发现有不少用户，甚至是商家，都对私域流量存在一些误解，比如其被认为是解决商家经营困境的灵丹妙药，不是仅仅能提升营业额的小戏法等。总的来说，大众对于私域流量的误解主要包括以下五个方面，如图2-8所示。

尤其是认为私域流量就是微商的这一点，是被误解得最为严重的一点。之所以有人误解这一点，与第一个误解相关，认为私域流量只是在微信个人号当中卖货，因此就是微商行为。除此之外，还有的商家自身也对私域流量存在误解，在朋友圈当中疯狂卖货，导致大众也同样产生这样的误解。私域

图2-8 大众对于私域流量的误解

流量背后的逻辑是将信任实现商业化，如果过度利用这一份信任，与"割韭菜"的行为无异，这种情况下，大家也难免会想歪。

但是，在此我们需要明确的是，私域流量并不等于微商，主要可以通过以下三方面来对二者进行区分。

首先，需要澄清的第一点是：私域流量并不仅仅包括微信个人号这一渠道。大众之所以产生这种误解，是因为微信市场广泛，并且操作简单，是十分不错的私域流量承载工具。大家对于私域流量的主要认知集中于"免费""高触达率"，而微信个人号几乎完全符合这些特征：发朋友圈宣传是免费的，但是却可以准确传递到几百，甚至几千的好友。然而，应用程序、社交媒体账号等其实也同样符合要求，都可以归于私域流量当中。而微商之所以被称为微商，正是由于其是依托于微信这一平台才能发展起来的商业行为，受限于微信平台运行机制。从这一个角度来看，私域流量就不等于微商。

其次，私域流量与微商的性质不一样。私域流量的运营核心在于精细化运营用户，与用户成为朋友，可以说营销只是顺带的结果，是通过经营而获得的业绩。而微商发展层层代理的营销手段是不断发展下线，发展代理，更为严重的是，许多微商一款产品只卖短短几个月，所以不存在售后、客服等完备设施，更不要提复购率了。但是在私域流量当中如果采取这种做法，商家最后只有面临倒闭的结局。

最后，在产品质量上，私域流量与微商也存在不同。其实微商与代购的卖货逻辑相差无几，但是代购却十分受欢迎，而大家一提到微商却是完全相反的态度。其实背后的本质在于产品的区别，因为代购所选的产品都是已经有知名度的产品，产品口碑有目共睹，再加上价格便宜，自然会受到大家的喜爱；而微商虽然经过不断发展，已经变得规范起来，但仍有人在售卖"三无"产品等不合规的产品，自然无法获得用户的信任。同样的道理，私域流量看重的是对用户的维护与经营，想要做好这一点，前提是产品质量必须获得保障，具备质量保障的产品自然不乏有受众欢迎。

商家想要在私域流量展开经营，必须要维护好与用户之间的关系，而且是长期的交互关系，而获得用户的信任则是双方连接的开始，产品与服务又是维持信任的核心所在。在用户眼里，商家是好友，也是相关领域当中的专家，能放心将自己的方方面面交由商家来打理，而这一点是微商难以企及的。

第**3**章

运营定位：
靠什么将流量吸引过来？

需要明确的是，当商家开始认为私域流量非常重要，能够为自身带来巨大的好处，并开始打造自己的私域流量池时，就证明其思想在卖家群体当中已经是非常先进的了。然而，打造私域流量的过程并不简单，需要明确自身定位，明白自己要靠什么将流量吸引过来。

3.1 关键要素："人设"、信任与价值

从本质上来讲，对私域流量进行经营的重点并不是用户，而是自己。在这里，和大家聊一聊私域流量的底层逻辑。举个例子，假设目前我们正在经营的私域流量是以个人微信号为基础的，在该微信号当中，我们与流量（用户）的关系主要可以分为五种：

a.亲戚、家人等都属于亲密关系；

b.闺蜜、朋友、同学都属于紧密关系；

c.工作上的同事以及商业伙伴等都属于一般关系；

d.朋友的朋友以及我们的粉丝等都属于社会关系；

e.我们关注的品牌公众号、不认识的好友、竞争对手、为我们提供服务的用户以及享受我们服务的客户等都属于陌生关系。

在这些流量当中，可以用作变现关系的主要有三种类型，分别是紧密关系、一般关系以及社会关系。其中变现价值最高的是紧密关系，然后是一般关系，逐层递减，陌生关系最低。因此，运营私域流量的关键之处，其实就是通过各种各样的方式，逐步将陌生关系、社会关系转变为一般关系、亲密关系。这个过程称为流量（用户）的运营。

从上面的分析当中可以看出，在对私域流量进行运营的过程当中，有三个要素是极为关键的，即"人设"、信任以及价值。

（1）"人设"

从本质上讲，对私域流量进行运营的过程，其实就是在对"人设"进行运营的过程。在这里，我们从用户体验的角度，对"人设"进行更进一步的分析。"人设"主要可以拆解为五个不同的层次，如图3-1所示。

图3-1 "人设"的五个层次

① 外在层　能让用户直观感受到的东西，就是我们所说的外在层，比如仪表、颜值、朋友圈、穿着、文字、谈吐等。

② 角色层　从什么地方来？工作是什么？岗位、级别等都属于角色层的范畴。以空姐为例，空姐就是她们的角色，所以她们在飞机上一定要用礼貌的态度对待客人，十分重视礼仪，这就是空姐这个角色的要求。

③ 资源层　具备何种资源，是如何利用这种资源来打造自己的角色的？

④ 能力层　性格如何？拥有什么样的特质？具备何种能力？这些能力是否能够支持完成目标？

⑤ 初心层　希望能够获得什么？又想要通过什么样的方式来获取这些？什么才是终极目标？从更深层次来讲，这些都属于战略、核心。

我们在看公众号、朋友圈当中的内容时，表面上是在看一个人的外在，然而实际上，其实是在看他的角色。从本质上来讲，角色是什么样的，取决于其资源以及能力如何，而资源以及能力又取决于初心是什么。因此，初心是非常重要的，在做私域流量之前必须要思考：做私域流量的原因是什么，最终目标是什么，要通过什么样的战略实现这一目标。

光有"人设"还不足以支持我们成功。原因在于单单一个"人设"根本无法令用户认可并接受，更别说让用户心甘情愿地为我们的产品或服务付费了。我们还应该要以"人设"为基础来制造势能。势能是非常重要的，它决定我们是否能够获得用户的依赖和信任。如果一个人拥有非常高的势能，那么他就能够影响到许多人。

① KOL：关键意见领袖　一般情况下，我们把那些拥有非常高势能的人称为KOL。KOL的全称为key opinion leader，即关键意见领袖，是拥有更多、更准确的产品信息，且为相关群体所接受和信任，并对该群体的购买行为有较大影响力的人。

KOL的特点是：KOL必须是某个领域内的权威人士，是在"权威人士"这一角色的基础之上打造起来的。不过，并不是说你想要拥有极高的势能，你就一定要成为KOL，但如果你能成为KOL，那么你天然就拥有了极高的势能。

想要让用户感受到你的势能并不是一件容易的事情，因为他仅仅通过手机屏幕根本就无法和你直接建立起联系，所以，一定要借助媒介的力量，充分利用各种传播媒介，有效地帮助你传播势能，这些媒介传播形式可以是文字、图片、社群等。通过这些媒介，你能够充分地将势能展示给用户，即好玩、有趣、有内涵、专业、有立场、有观点、资源丰富……

一个人如果拥有非常强的势能，那么就能够让用户可以在短时间内将其从大众中找出来，并进行关注。这就是势能最大的优势。

②"1990理论"　想要拥有极高的势能，以下几个方面是非常重要的：

a.信息渠道广泛；

b.具备大量的知识以及经验；

c.能够根据自己的见解发表独特的观点；

d.能够在第一时间获取到他人无法获取的信息；

e.能够不断地输出正确的、有价值的内容；

f.人际沟通能力强，表达能力强；

g.对于新鲜事物非常关注，重视变化，重视趋势，并乐于接受事物的变化。

一般情况下，一款产品或一种服务，最早的使用者都是KOL。根据"1990理论"的观点，可以将用户划分为三种不同的类型，如图3-2所示。

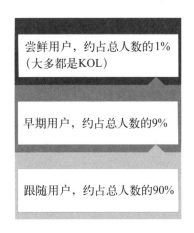

尝鲜用户，约占总人数的1%（大多都是KOL）

早期用户，约占总人数的9%

跟随用户，约占总人数的90%

图3-2　用户类型

③ 影响力放大公式：KOL+社群+媒介　经过不断的观察比较发现，有许多人其本身的能力是极强的，也十分专业，具备强大的势能基因，但却并没有取得成功。这是因为KOL虽然拥有非常强大的势能，但仅凭一己之力根

本不能将这些势能传播出去，必须要借助社群以及媒介的力量，对势能进行N次传播。

"KOL+社群+媒介"就是我们常常提到的影响力放大公式。需要注意的是，社群并不是指一群人所构成的群体。一群有相同或类似经历的、信任你、愿意为你的产品或服务付费的人构成的群体才能被称为私域流量运营背景下的社群。有人觉得，只需要建立一个微信群，然后把人拉到这个微信群里，就拥有了一个社群，这样的想法是不对的。

（2）信任

一个人如果具备了极高的势能，那么他就可以轻而易举地对他人产生影响。

有许多企业投入了大量的资金以及精力去做微博、微信公众号，但粉丝数量一直都很少，互动的人更是寥寥无几。之所以会出现这样的情况，很大程度上是因为微博或微信公众号的"人设"，代表的是企业而不是个人。

用户更倾向于与某个人进行互动还是与某个公司进行互动呢？私域流量有一个非常关键的概念，叫作平权。我们可以将其简单地理解为权利平等。企业是一个组织，是一群人达成共识，为了实现共同的目标而构成的一个组织。而用户是个人，两者之间根本没有平等可言。

站在用户的角度来看，虽然用户关注了你，但你在他的关系层当中，仅仅是最低级的陌生关系，如果无法获取用户的信任，那么我们与用户的关系只能永远停留在陌生阶段，无法更进一步地发展。只要有一丁点儿的外力骚扰，用户就会毫不犹豫地离开我们。

那么，应该通过什么样的方式与用户建立信任关系呢？其实很简单，只需要让用户觉得，正在和他进行互动的是一个鲜活的人，而不是机器。

除此之外，还必须要让用户充分感受到你强大的势能，让用户觉得你是某个领域内的专业人士或权威人士。如果是企业，那么想要获取到用户的信任感，最有效的途径就是通过品牌，而且品牌一定要和用户"奔现"，要让用户在现实世界中看到品牌。为什么？因为人主要是通过听觉、视觉、味觉、嗅觉以及触觉来获取外部信息的。

无论是产品还是媒介，都只能通过其中的一种途径将信息传递给用户，这样的传播方式非常不稳定，只要稍稍有一些外界的干扰，用户对产品的认知就会出现变化。如果用户能够与你进行面对面的互动，你就可以充分利用各种直观的感知将信息传递给用户，这样的方式会让用户产生极为深刻的印象，且十分稳定，即使有外界的干扰也难以改变产品在用户心中的形象。

品牌江小白打造了一个新的产品——社群项目。从本质上来讲，这个产品非常简单：把线上的粉丝转移至线下，也就是我们所说的"奔现"。这样做其实就是通过实地考察的方式，让用户亲自看到、听到、摸到江小白的产品，更进一步地强化江小白在用户心目中的形象。

（3）价值

用户之所以会关注你，是因为你对他而言是有价值的。所以，与用户之间的每一次接触都必须要能为其创造价值，而不是浪费他的时间，要让用户感受到与你的接触是有益处的。

如果想让用户花费五分钟的时间来阅读你的文章，那么你就必须要在这五分钟的时间里为用户创造出足够的价值，要让用户从你的文章中获取一些东西，而不是单纯地看个热闹。

如果你无法为用户创造价值，不能源源不断地为其创造价值，那么用户为什么要关注你，并为你的产品或服务付费呢？

价值的内核，其实就是要让用户得到超出他们预期的产品体验。如果你无法为其带来这样的产品体验，那么一定不要白白地浪费用户的信任。

从本质上来讲，用户购买产品或服务的过程，其实就是在信任账户当中进行存取的过程。如果产品能够为用户带来良好的体验，那么他就会在信任账户当中存进更多的钱；而如果产品不能给用户带来良好的体验，甚至是给他带来了极为糟糕的体验，那么他就会将信任账户当中的钱取出来。

其实从本质上来讲，网红和KOL是一样的，他们都非常重视粉丝对自己的信任，会用尽一切办法来维护这份信任。

3.2 自身判断：并非所有品类都适合做私域流量

虽然私域流量十分关键，但对于部分店铺来说，其并不适合去打造私域流量池。在打造私域流量池之前，一定要结合店铺实际情况来考虑是否有建设私域流量池的必要，如果店铺销售的品类并不适合打造私域流量池，但我们还是要投入大量的时间以及精力去做这件事情，那么非但不能给店铺创造出任何的价值，还会导致所有的投入白白浪费，严重的甚至会导致店铺遭受巨大的损失，最终被竞争对手击败，被市场所淘汰。

那么，究竟经营什么品类的店铺适合去建设属于自己的私域流量池呢？基于此，以下列出几个关键因素供大家进行参考，如图3-3所示。

用户群体是发烧友群体、女性群体、深度共识群体

店铺的上新频率、复购率、毛利率都要高，客单价最好是中等偏低，30～200元

具备内容传播性以及服务延展性

图3-3　适合做私域流量的品类判断因素

（1）用户群体

在打造私域流量池之前，一定要先分析店铺的用户群体特点。一般来说，适合做私域流量的用户群体主要有三种：发烧友群体、女性群体、深度共识群体。

首先，我们来看发烧友群体。为什么说发烧友群体适合做私域流量呢？其实原因很简单，发烧友是十分热爱某一事物的人的代称，这些人对某一品类产品的喜欢已经到了痴迷的程度，他们有着相同的兴趣爱好，当我们将其聚集到私域流量池之后，他们短时间内就可以形成强大的聚合力，我们并不需要花费大量的精力对他们进行运营以及转化。

接下来，我们来看女性群体。女性的消费能力是有目共睹的，每逢大型

私域流量运营实战：
用户沉淀＋商业变现＋风险规避

促销活动，可能会出现大量的女性。而女性群体只是一个大的分类，往下细分，我们还可以将其分为女大学生、年轻白领、家庭主妇等。

这些女性群体的消费，主要集中在美妆、服装、儿童玩具、母婴产品、大学生相关产品、童装、女性保健品、生鲜蔬菜零食等。因此，经营这些品类的店铺都是非常适合打造私域流量池的。

还有一点特别重要，在私域流量池当中，女性群体的参与度比男性群体高很多。当推出各种优惠活动时，女性会积极地参与，如果产品质量足够好，她们还会主动进行宣传。

最后，是深度共识群体。什么叫作深度共识群体？简单来说，就是在某一领域内有着与其他人不同的深度共识的客户群体。

举两个例子：一是非常喜欢购买保健品的人，他们对于保健非常执着，会投入大量的时间、精力以及金钱去做这件事情；二是追求有机产品的人，他们在购买果蔬生鲜的时候，往往会关注产品是否是有机的，如果不是，他们很有可能就会放弃购买。这两种类型的人都有一个共同的特点：在饮食、生活以及健康等几个方面，有着与其他人不同的要求以及共识。如果店铺用户群体属于这种类型，那么也非常适合打造私域流量池。

总而言之，在打造私域流量池之前，一定要先对客户群体进行深入、全面的分析，要对他们的情况有一个非常深入的了解，这是十分关键的，这会决定接下来打造私域流量池是否顺利。需要注意的是，以上举例的三类客户群体只是较为适合打造私域流量池的，并不是说如果客户群体不是上述的三种类型，就不能打造私域流量池，只不过如果是这三种类型的客户群体，那么在打造私域流量池这件事情上，有一定的便捷性，他们的聚合力以及用户黏性明显超出其他类型的用户群体，可以帮助我们更高效地打造私域流量池。

（2）品类特点

在打造私域流量池之前，除了需要考虑客群特点之外，我们还需要考虑店铺经营的品类特点。决定店铺是否适合打造私域流量池的因素主要有四个，如图3-4所示。这四个因素都是非常重要的，没有孰重孰轻之分。店铺的转化、运营、盈利以及成本都会受到这四个因素的影响。

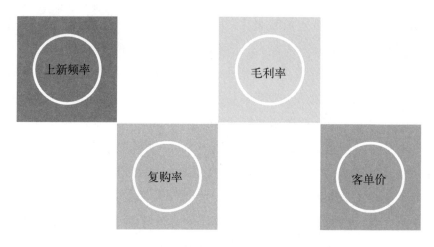

图3-4 决定店铺是否适合打造私域流量池的因素

首先，我们来看上新频率。淘宝平台上的卖家，必须要清楚地意识到一个问题：想要建设私域流量池，内容是非常重要的，它决定了是否能够成功打造起私域流量池。

许多人在做私域流量的时候，都会遇到这样的情况：好不容易花费了大量的时间、金钱，通过各种各样的方式将流量引进私域流量池当中，接下来就是不断地发广告，不断地进行刷屏，不断地搞促销活动，但并没有取得什么效果，而且时间长了会引起用户的反感，最终导致群里没有人发信息，甚至被用户屏蔽。

为什么会出现这样的情况呢？其实是因为没有足够的内容进行维持。想要有足够的内容维持和用户的关系，就必须要有足够的商品种类。因此，店铺必须要具备高上新频率才适合做私域流量。

上新频率高，就意味着产品多；产品多，才能够不断地创造出与产品有关的内容，才能够维持私域流量池的活力。

举个例子，美妆产品以及服装产品就十分适合做私域流量，因为这两个品类的产品上新频率都是非常高的，能够在私域流量池当中持续地创造出新的内容，维持私域流量池的活力。而家具类产品就不适合做私域流量，因为这种品类的产品上新频率非常低，甚至可以几个月都不出一个新产品。没有新产品就无法创造新的内容，私域流量流失会非常快。

而上新频率高，往往会使得复购率也提升。高复购率也是做私域流量的一个重要条件。想一想，做私域流量是为了什么？还不是为了吸引用户不断购买我们的产品。而一款产品的复购率高不高，取决于产品的特性如何。

很多消耗品的复购率都是非常高的，如面膜、纸巾等。而手机、电脑、电视等电子产品的复购率就非常低。一台手机如果正常使用，用个三五年是没有问题的，电脑、电视等产品甚至可以用上数十年。像这种类型的产品，复购率极低，做私域流量池完全没有必要。

接下来我们来看毛利率。毛利率高也是做私域流量的一个重要条件。当我们成功地将用户引到私域流量池之后，接下来要做的就是对用户群体进行维护，这是一个长期过程，需要投入大量的资金。千辛万苦地把用户引过来，是为了细水长流。想要细水长流，就必须要投入大量的人力成本以及时间成本。如果经营的品类毛利率不高，那么很有可能连运营成本都赚不回来，更别谈盈利了。

最后是客单价。一般来讲，客单价在中等偏低的情况下，更适合做私域流量。这里所说的中等偏低，是指30～200元这个范围。这个价位的产品，由于价格偏低，用户在购买的时候无须考虑太多，很有可能因为一瞬间的冲动就买了下来。所以，我们可以通过一些营销手段来包装产品，引起用户不断购买，打造出爆款产品。如果仔细观察，那么就会发现，几乎所有的爆款都是在这个价位区间内。

上述的四个因素，每一个都非常重要，如果每一个条件都符合，那么打造私域流量池的必要性就越高，取得成功的概率也越大。

（3）内容传播性及服务延展性

前面所说的两点内容，如果都符合，那么这样的店铺是非常适合打造私域流量池的。但也仅仅是适合而已，接下来要考虑的是，通过什么样的方式才能做好私域流量。有两点是十分关键的，少了一个，都难以取得成功，它们是内容传播性以及服务延展性。

内容传播性的强弱决定私域流量池是否能保持活力，让用户愿意留下来；服务延展性的强弱决定与用户的关系能否更进一步，能否形成深度共识。

我们先来简单了解一下内容传播性。其是指在私域流量池当中，所经营的品类是否能让商家不断地创造出各种不同的、质量高的内容，这些内容发布到私域流量池之后，是否能够引起用户的讨论。

在这里，我们以服装品类为例，这是一个内容传播性极强的品类。我们将相关的内容发布到私域流量池之后，很容易引起用户的讨论。

在私域流量池当中，我们能够创造出各种与服装有关的内容，比如如何进行搭配等。内容的形式也非常丰富，比如图片、短视频（随拍、街拍、实拍、买家秀、卖家秀）等。这些内容对于用户的吸引力是非常强的，而且很容易引起用户的共鸣以及讨论，最终使得用户与店铺及其产品形成深度的连接。

美妆品类也是一样。与美妆相关的内容也是非常容易进行创作的，比如试色、试妆、美妆技巧、皮肤保养等，这些都非常容易引起用户的讨论。

对于店铺而言，如果具备了内容传播性，那么就能够避免出现无内容可发的情况，私域流量池当中的消息不再是各种各样的广告，而是各种各样的内容，能够引起用户讨论及共鸣的内容，这能让店铺在不知不觉间与用户形成深度连接，能够帮助我们更好地进行转化。

再来看服务延展性。简单来讲，所谓的服务延展性，是指通过售后服务以及延伸服务等服务，促进商家与用户进行互动。以健身产品为例，这种类型的产品在服务延展性方面，有着天然的优势。健身并不是一件简单的事情，需要有极强的自制力，如果仅仅凭借着自己的力量进行健身，可能无法长久进行，出现"三天打鱼，两天晒网"的情况。而如果店铺在销售了健身产品之后，通过各种各样的方式将用户转移到私域流量池当中，每天定期地组织用户进行健身打卡、晒健身照片、交流健身心得、安排专业人员开课辅导，那么用户的黏性就会不断地增强，用户与店铺之间的关系也会越来越紧密，逐渐成为店铺的"铁粉"。

除了健身产品外，还有许多品类的产品也拥有极强的服务延展性。比如母婴产品，可以安排育儿专家到私域流量池当中，不定期地分享一些育儿心得，解答用户的问题等；比如与减肥相关的产品，将用户吸引到私域流量池之后，可以每天分享一些减肥心得，监督用户的饮食，组织用户进行运动等。这些都属于服务的延展。

综上所述，想要做好私域流量，内容传播性以及服务延展性是必不可少的，这两点决定了做私域流量是否能够成功。如果店铺不具备这两种特性，也要积极地进行探索、挖掘。

以有机生鲜商品为例，从表面上来看，蔬菜产品几乎不具备内容传播性，但是，蔬菜的种植过程、采摘过程等都可以作为内容；通过什么样的方式烹饪蔬菜比较好吃，通过什么样的方式清洗蔬菜，蔬菜的功效等都是非常不错的内容。这样我们就拥有了内容传播性。

因此，内容是挖掘出来的，有了足够的内容，才能够做好私域流量。

打造私域流量池是需要耗费大量时间的，当每日的销售量达到了100单以上的时候，我们就可以开始打造私域流量池了。在这个时候，我们没必要要求自己在多少天内一定要吸引多少人进入私域流量池当中，而是应该把它当成日常工作的一部分，慢慢地为打造私域流量池添砖加瓦，最终形成一个庞大的私域流量池，能为我们带来巨大利益的私域流量池。

最后，总结一下核心内容：想要打造私域流量池的店铺最好具备以下几个特点：用户群体是发烧友群体、女性群体、深度共识群体；店铺的上新频率、复购率、毛利率都要高，客单价最好是中等偏低（30～200元）；具备内容传播性以及服务延展性。

综上所述，适合打造私域流量池的品类主要有美妆品类、服装品类、儿童用品、保健品、宠物用品、健身用品、"发烧类"产品（耳机、相机、滑板等）等。

如果店铺经营的是上述品类，那么建议最好从现在开始打造自己的私域流量池。当打造成功之后，产生的收益是显而易见的。

3.3 用户特征：私域流量目标用户的四大消费特征

天猫国际近些年来正在尝试实现小众品牌的孵化，实现这个目标正是需要依托私域流量人群。根据凯度消费者指数报告，私域流量当中的潜力消费人群分别为小镇青年、熟龄女性以及有娃一族。这几类人中体现的消费特征是商家在私域流量运营当中可以进行发力的机会点，如图3-5所示。

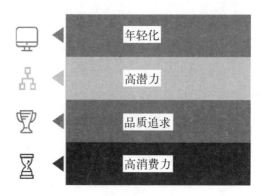

图3-5　私域流量目标用户的四大消费特征

第一，年轻化。

当前市场的消费主力军是"80后""90后"的年轻群体。"80后"当下正是职场及社会的中流砥柱；"90后"普遍家境较为殷实，因此他们的消费观更加积极，不排斥超前消费。"80后""90后"群体对于品牌忠诚度相对较低，倾向于尝试不同品牌及体验各类产品，在更大的范围内进行选择。此外，相较于"70后"十分重视价格因素，他们更为注重产品设计及体验感，倾向于选择具有设计感的产品，愿意为喜好买单。

"90后"对于美的极致追求带来了"颜值"经济的繁荣，护肤、美妆、医美、健身等相关行业获得了更多市场，产品与服务不断升级，商业模式也更加多元。第一财经商业数据中心（CBNData）消费大数据显示，"90后"在线上美妆的消费贡献超越了"80后"，现已成为主力消费人群，并开始涉足高端品牌，人均消费同时快速上升。此外，1995年至2009年出生的女性线上美妆人均消费仅次于80后群体。相信不久的将来其就会成为此类消费的主力军。

现下粉丝经济繁荣，明星周边作为粉丝经济的一部分，引来了商家的关注，同时带动着粉丝经济的不断升温。社交媒体拉近了明星与普通大众的距离，也带来了无数的明星相关资讯，产品代言、街拍、机场穿搭等信息全方位渗透给年轻受众。不少商家顺势上架明星同款，或者推出明星合作款来推广品牌，合作款品类以休闲鞋、跑步鞋及运动T恤等最为常见。年轻消费者

私域流量运营实战：
用户沉淀＋商业变现＋风险规避

愿意为明星同款支付溢价，明星各品类跨界周边带动了粉丝经济。

第二，高潜力。

三线及以下城市的消费者面对的生活压力与一、二线城市相比，明显会更小一些，这类下沉市场的物价相对较低，购买力提升快。虽然人均消费低于大城市，但增速更快。近年来，由于三线及以下城市居民的收入持续提高，他们的消费观念也发生了转变，更加重视商品的品质，对于部分高价产品的需求开始增长。

另外，35～44岁的成熟女性消费者在线上渠道增加迅速。这个年龄的女性多关注皮肤问题，品牌忠诚度较高，很多人属于自己的时间少，护肤、美妆均比较基础。她们身上可以挖掘的消费点很多，商家可以借着这类群体快速进入线上的时机，进行适合的推广吸引消费。

第三，品质追求。

随着国民人均可支配收入不断提高，科技发展推动着商业模式的调整，消费者的消费观念和消费行为也在持续产生变化。当前，消费者越来越追求产品的高质量，单一的价格因素考量已经被品质、服务、性价比等多元评价逐步取代。京东、沃尔玛等联合发布的《中国零售商超全渠道融合发展年度报告》显示，我国当前消费具有追求高品质及享受型消费的特点；网购用户最看重的除了价格，还有正品保障与售后服务等；品类丰富度与物流的时效性也影响着消费者的选择。年轻群体消费也追求个性化，愿意尝试新品，更容易接受一些小众品牌与定制商品，促进了这类市场的发展。随着消费需求的变迁，当前的主要消费观是用适宜的价格高效地选到有用的高质量商品。

第四，高消费力。

随着我国经济快速发展，人均可支配收入持续增长。2022年，全国居民人均可支配收入为36883元，全国居民人均可支配收入中位数为31370元，他们的消费能力是我国经济发展的有力支撑。

另外，根据凯度消费者指数报告，有0～14岁孩子的家庭在所有家庭中户均消费最高，高出平均家庭12%。此类家庭通常购物需要满足全家需求，由于中国家庭结构特征，有孩子的家庭购物有时甚至需要满足三代需求。因此有娃一族的消费力较高，有大包装商品的需求，更易接受满减等促销，且会进行不同品类产品混买。

3.4 渠道选择：当前私域流量运营最集中的六个平台

私域流量简单来说就是属于商家自己的地盘，只要是自己能够掌控的流量池，都属于私域流量。从当下情况来看，当前私域流量运营主要集中于六个平台，下面对其进行简单介绍。

第一，微信。

微信平台具有封闭性和圈层性，用户之间关系相对密切，传播范围较小但是精准。使用微信进行营销，能够促使商家与用户之间的沟通与互动更加深入、频繁，进而达到有效的营销目的。对于微信营销来说，整个营销活动干净直接，消息传达相当精准到位，因此微信平台十分符合私域流量"重复使用"以及"高触达率"的特征。

另外，微信公众号还可以承载长文、多图，尤其适合功能性的产品运营，可以通过讲故事、分析产品成效等各种各样的方式来打动用户，进而获取用户的信任。

第二，小红书。

小红书的发展是从社区开始的，这一平台当中存在很多KOL以及网络达人，并且具备很强的带货能力，因此只要了解口碑营销机制，并且针对不同类别的用户进行个性化推荐，在这里面的私域流量就能运营得很好。

第三，微博。

在当前平台当中，微博最适合商家进行传播，尤其是预算较低的中小商家，因为其引流、投放成本远远低于微信，而且链接可以直接跳转到相关平台，有效降低流失率。

第四，抖音、快手等短视频平台。

相关机构统计数据显示，短视频行业在2019年6月的月活跃用户数量达8.21亿，同比增长高达32%。另外，短视频用户人均使用时长高达22小时。在手机游戏、在线音乐等细分领域用户人均使用时长同比都在下降的时候，短视频用户人均使用时长同比仍然上涨了8.6%。走过了潜伏期、成长期的短视频行业，如今已经进入了内容合规建设的爆发期，成为流量的新高地。一时之间，短视频行业的发展如火如荼。

短视频渗透在人们生活当中的各方各面，各大平台、品牌纷纷抢滩试水，将投放重心转移到短视频当中，包括短视频原创、分发、植入等营销玩法，进而增强品牌的曝光率与转化率，增加粉丝量，最后实现商业变现。

抖音和快手是当前最受欢迎的两大短视频平台。抖音比较适合商家进行产品植入以及信息流广告。抖音还因此推出了"云图"以及"星图"两大计划，帮助商家更好地进行广告投放。

在抖音短视频平台中，广告主可以运用"云图"对品牌实现高效管理，主要是通过黄金曝光资源，以及精准优选人群来进行智能投放，以此来帮助产品实现更好的流量管理。而"星图"是通过管理达人资源，比如海量聚合明星达人、持续输出优质内容等来对内容实现高效管理的目的，有利于高效触达用户。由此可见，抖音短视频平台是帮助广告主高效触达用户并且驱动用户的系统化管理平台，能够帮助产品与用户实现双向互动以及精细化触达。

而快手相对来说则比较适合直接发产品广告。快手针对于此做出了"麦田计划"，帮助商家卖货。

"快手小店"属于快手"麦田计划"的一部分。对于这一计划，快手电商负责人表示，"麦田计划"就是以"内容社交"为驱动，打通快手电商和快手其他生态形式，更好地在电商的"人、货、场"等方面为用户赋能。"麦田"寓意快手电商就像一片麦田，经过精心的播种、培育，最终会给大家提供丰盛的收成。这一寓意符合快手上线店铺的出发点，同时意味着对未来发展的美好期待。

"快手小店"功能背后是快手连接了淘宝、有赞以及无敌掌柜等第三方电商平台，能够帮助用户边看边买，具备丰富的选用形式。快手电商产品负责人表示，这可以减少用户购买的步骤和等待的时间，也可降低那些不熟悉电商的用户的购物门槛。

"快手小店"展示商品的方式是通过橱窗来进行的，而且短视频博主还可以选择在个人主页中常驻的商品，时间限度可以为一周、一月，甚至是长期合作，这是为短视频博主提供变现渠道的又一个功能。

不仅如此，"快手小店"还深化了商品在短视频中的展示。当用户查看短视频时，商品会在相对恰当的时机出现在用户的短视频中。而在运营和后台管理方面，"快手小店"也毫不逊色，通过快手平台便可以实现对店铺的日常管理。如果是专业的卖家，快手平台也提供开放API接口来实现自由开发。

"快手小店"为短视频博主提供查阅用户的购物行为的渠道，以此来了解和管理粉丝的复购情况。根据行为轨迹展示以及数据分析，有助于短视频博主调整经营策略，以此来提升用户满意度，维护并且提升用户的复购情况。

店铺考验的是整体的运营能力，因此除了曝光以及转化等因素之外，售后行为更是不可忽视的环节，而快手便是致力于营造完整的流程系统，为短视频博主提供便捷的管理工具。对此，快手电商产品负责人表示，快手小店关注的不仅是商品如何能更显眼地呈现出来，还包括如何找到更恰当的场景，在更合适的时间点，以更有代入感的方式呈现。只有用户认可、需要的商品展示，才是有价值的，才能带来更多的成交和转换。

当然，快手上线店铺功能也会保障消费用户的权益。快手致力于打造公平公正的商业环境，因此结合全方位要素对入驻商家的合法性进行严格审查。而在产品质量上，商品描述信息、商品质量等各个维度都会被全面审核。为了保证产品品质，快手还会不定期抽检以控制质量。

第五，直播。

在一项用户对直播行业前景的看法调查中显示，超七成的人对直播行业的未来发展持积极态度，如图3-6所示。这些令人瞠目结舌的数字背后包含了直播带货潜在的巨大能量，直播平台毋庸置疑地成为了电商营销的新战场。当然，除了最早形成的以淘宝为首的电商平台战场，还有上述提到的短视频平台也可以进行直播，且目前发展形势大好。

事实上，随着网络直播行业的不断发展与完善，直播内容越来越丰富，并且具备很强的交互性、实时性以及沉浸性，能够为用户带来很好的消费体验。因此，许多商家也纷纷加入直播行列，通过试用、优惠、解说、答疑等

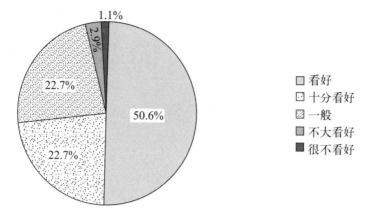

图3-6　直播行业前景调查结果

交互方式来为用户推荐商品，转化也因此而具备很强的实时性。

2022年淘宝直播交易规模为7700亿元，与2018年的1000亿元相比，在短短几年的时间中完成了数倍交易规模的增长。从电商角度看，不管是头部网红还是腰部网红，甚至底层电商都共享着直播带货这块大蛋糕，不单是因为直播的消费市场潜力对他们的吸引，低门槛也是成就全民直播的一个重要条件。一台手机、一个封闭空间、一个主播也许就能播出千万销量。

第六，B站。

1995年至2009年出生的一代人是私域流量的主要人群代表之一，具备年轻化、黏性强以及消费高这三大特征，而bilibili（简称B站）则是这群人的重要聚集地，是国内领先的年轻人文化社区。B站具备的重大特色正是在视频上方的实时评论功能，也就是大家常常提及的"弹幕"。"弹幕"不受时空限制，能够让网友们实时进行互动，形成一种奇妙的共时性联系，因此备受年轻人的欢迎。在B站当中运营私域流量，只需要针对这部分主流用户的特点，投其所好，便可以获得很高的忠诚度。

在当今互联网时代，商家的存亡在一定程度上取决于流量，尤其是当资源不相上下的时候，商家的销量关键点便是流量，流量越多，成交的可能性也就越高，盈利的机会也随之而增长。而私域流量是助推商家更好地满足用户需求，进而稳固流量的有力工具，商家可根据自身的产品特色选择相对应的私域流量平台。

3.5 质量平衡：比用户数更重要的是留存率与活跃度

如何才能在让用户实现数量增长的同时，还能不断地提升留存率与活跃度，是私域流量运营工作中不能回避的一个问题。这个问题的本质是让私域流量实现量与质的平衡，让流量发挥最大的价值。本节将重点谈论如何才能实现用户质量平衡的目标。

为何私域流量的运营需要实现用户的质量平衡呢？主要是出于对用户质量的考虑。如果用户的质量较低，那么纵使用户的数量不断地增长，用户的流量也难以产生更多的价值，产品也难以获得良好的发展。

如何才能帮助私域流量实现用户质量平衡的目标呢？关键还是要靠用户的留存率与活跃度。下面我们重点谈论用户的留存率与活跃度的重要性，以及如何提升用户的留存率与活跃度，实现用户的质量平衡。

用户的留存率是指在用户开始使用产品后，经过一段时间，仍然能够持续地使用该产品，这时的用户可以称为留存用户。用户留存率是一个相对的数据，确定用户留存率需要确定一个数据基数。

用户留存率究竟有多重要？从某种程度上来说，用户留存率是决定一家公司生死的重要因素，先让我们一起来看两个案例。

2012年7月，Homejoy成立，主营业务是为用户提供钟点工本地服务。2013年底，Homejoy获得了3800万美元的融资，而在2015年7月，Homejoy宣布关闭。

无独有偶，BranchOut与Homejoy经历了相似的发展历程。在2012年春季，BranchOut在短短的两个月内收获了500多万活跃用户，但在一年半之后，BranchOut不得不廉价出售。

案例中的两个公司很多人都会觉得很陌生，可见它们的发展情况不容乐观。它们的特征也十分明显，都是成长十分迅速，获得了大额度的融资，但成长周期十分短暂，还未广泛地吸引到大众的关注，就已经在市场中消失。

这些初创公司都有专业团队的支持，并且获得了不少投资者的资助，但为何会在快速发展的过程中突然陨落呢？这些公司失败的原因之一就是忽视了用户的留存率。只有高留存率的公司，才有可能不断地走向良性发展，而低留存率的公司，只会迅速地被市场淘汰。

了解了用户留存率的重要性后，用户留存率又有哪些作用呢？

第一，用户留存率是衡量产品价值的标准之一。较高的用户留存率能够体现出用户对产品的认可。用户留存率较高，证明产品能为用户提供使用价值，也能说明产品的整体发展方向是较为正确的。

第二，决定后续的运营工作。在私域流量的运营工作中，如果出现了用户留存率较低的情况，则意味着在后续的运营工作中，运营者需要更加重视产品的宣传推广工作，让更多的人能够使用产品，让更多的用户对产品有一个较为完整的认识，以便能保证有足够的用户对产品产生更强的依赖感。

如何才能提升用户留存率呢？可以根据产品的特征，从以下几个方面优化运营工作，具体如图3-7所示。

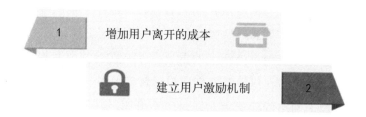

图3-7　提升用户留存率的方式

一是增加用户离开的成本。这里所说的成本通常为用户的时间和精力的成本，指的是人们在决定做某件事时，不仅会关注这件事对自己有哪些好处，还会关注自己在这件事上的投入。

例如在一些应用程序中，注册后能够通过看文章、写评论等行为获得一定的现金奖励，但是这些现金奖励都需要达到固定的额度才能提现。如果用户已经积攒了20元的现金奖励，但提现的额度是50元，大部分的用户都不会放弃已经积攒的20元，会继续使用应用程序，由此达到提高用户留存率的目的。

二是建立用户激励机制。用户激励机制是指为用户提供一些奖励，让用户能够持续地使用产品。例如用户积分排行榜、登录即可领取优惠券等，让用户能从产品中获得一些好处，持续地使用产品。

通过上述介绍，我们了解了用户留存率的重要性、作用，以及提高用户留存率的一些方式。下面我们来谈论另一个能够体现用户对产品认可的数据——用户活跃度。

什么是用户活跃度？简单来说，频繁使用产品的用户就可以称为活跃用户。活跃用户在不同的产品中有不同的指标定位，主要可以分为日活跃用户和月活跃用户。日活跃用户是指每天使用产品的用户数；月活跃用户则是指每月使用产品的用户数。因此，达到运营者为用户设定的指标，就可以算作活跃用户。活跃用户意味着产品真正地获得了用户的认可，只有这些对产品有较强认可度的用户，才能帮助产品创造价值。

用户活跃度的重要性体现在哪些方面呢？可以分两个方面考虑。一方面，从短期来看，用户活跃度对产品现阶段的发展产生重要的影响，较高的用户活跃度意味着有更多的用户对产品内容感兴趣，能够帮助产品进行运营工作的优化调整。另一方面，从长期来看，较高的用户活跃度能够帮助产品树立未来的发展目标，帮助产品实现更加长久的发展。

精细化运营是提高用户活跃度的重要方式，在运营中深刻地影响着用户体验。如何才能使用精细化运营提高用户活跃度呢？具体如下。

一是用户层面的精细化运营。针对用户群体，区分出不同领域和不同需求的用户，对用户精细分层，制订针对性的运营策略。私域流量往往只需要人力对用户加以鉴别。如果有自己的产品登录系统，则要引导用户与微信进行绑定，通过这种方式，在用户的活跃度下降时，针对不同类型的用户进行消息推送、分发奖励等。

二是细节方面的精细化运营。在私域流量的运营过程中，简短、清晰地区分出不同的用户群体，能够帮助私域流量进行分层分类。越简短、越清晰的用户路径越能为用户带来极致的产品体验，对私域流量的运营工作产生更加直接的作用。例如为提升用户的活跃度，让用户在微信群中打卡时，将打卡的步骤加以简化或分解为几个小步骤，并且要更加耐心地对用户加以步骤的引导。这种细节方面的精细化运营，比单纯地推送文章内容更加有效。

以上是一些促进用户质量平衡的方式，在私域流量的运营工作中，还要针对用户的特征，设定不同的重点工作，以吸引更多的用户流量。

3.6 【案例】为何微信公众号往往能卖出更贵的商品

在私域流量运营中，微信群和微信公众号是两个备受青睐的运营渠道，而相比微信群，微信公众号往往能卖出更贵的商品，出现这种情况的原因是什么呢？本节将通过案例进行阐释。

微信公众号在最初发展的过程中，最主要的作用就是服务用户，与用户产生更加密切的关系，例如微信公众号能够为公司提供一个宣传的平台，帮助公司开展营销推广工作，将公司的相关促销信息推送给用户，并且这种功能是免费的，无需给微信支付费用。

因此，在使用QQ、微信中的好友和群聊功能时，相信大家都会注意到，好友人数和群聊人数都是有上限的，而在微信公众号中，关注的用户数量是没有上限的。微信公众号背靠微信的封闭生态，发展出独具特色的封闭流量池，只有公众号的运营者才能了解到公众号拥有多少用户，用户的具体属性如何。这种封闭的属性是微博、贴吧等平台所不具备的。

此外，淘宝、贴吧等平台中的用户流量是不断变化的，例如淘宝中出现了一些新的店铺，上架了与我们所运营的产品类别差不多的产品，那么我们的流量就会受到影响，流量可能会减少。而微信公众号平台则不存在这种问题，虽然微信公众号的发展十分迅速，但是不会出现公众号之间挤占生存空间的问题。因此，微信公众号的用户池体量较大。

以上介绍的是微信公众号的属性特征，这也是微信公众号能够卖出更贵产品的原因之一——用户池封闭且体量大。

在此基础之上，下面我们谈谈微信公众号能卖出更贵商品的第二点原因——微信公众号的用户黏性较高。用户是主动地关注微信公众号的，而不是被动地接收信息，能够在一定程度上体现出用户对微信公众号的认可。

如果不是微信公众号的内容极度不符合用户的需求，一般情况下，用户不会轻易地取消对公众号的关注，这也意味着用户能够更加容易地接收到微信公众号传递的信息。此外，用户还会主动地将自己感兴趣的内容分享到朋友圈，帮助内容实现裂变式的传播，这对产品营销来说，是一种获得流量的重要渠道。

利用微信公众号开展私域运营工作的几个特点都能在一定程度上帮助商品获得更好的发展，具体如下。

一是不需付费，节省成本。通过微信公众号开展运营工作，用户往往已经是品牌的粉丝，不需要投入大量的推广费用，因此获客的成本较低。

二是运营更加自由，反复触达用户。微信公众号能够高频次地给用户推送消息，也可以利用个性化的方式向用户发送促销的信息，反复地强化用户对商品的认识，无障碍地让用户获取到更多的产品信息。

三是流量更加稳定。微信公众号中的流量为公司所拥有，是公司能够掌控的私域流量，掌握大量用户的微信公众号能够受到众多用户的关注，不容易受到外部因素的侵扰。此外，公司对运营微信公众号付出的努力越多，关注公众号的用户也就越多，发展的空间也会随之拓展。

结合利用微信公众号开展私域流量运营工作的案例及特点，相信大家对前面阐述中的微信公众号能卖出更贵商品的原因有了更全面的了解。在私域流量的运营过程中，还要注意结合商品的特点，更加合理地利用微信公众号帮助商品进行营销。

第4章

私域流量池：
不断扩张私域流量的
运营闭环

很多人认为，当利用各种方式将用户吸引到了自己的私域流量池之后，工作就完成了，但实际上，这仅仅只是一个开始。当用户进入私域流量池之后，接下来要做的就是对私域流量进行经营。这并不是一件简单的事情，需要耗费大量的时间与精力。

4.1 流量池思维：建设流量池=更低成本的留存与裂变

互联网时代，流量池思维是很多企业发展升级过程中所需的关键思维模式。所谓的流量池思维，简单来说，就是生存第一、品效合一的营销思维。生存第一是指企业必须要先想办法活下来，只有活了下来，才有可能取得更大的发展；品效合一是指在打造品牌形象的过程当中，一定要重视效果以及效果转化，一定要最大限度地利用手上拥有的流量进行变现。

各位心中或许会有这样的一个问题：流量池思维和流量思维就差了一个字，它们是一样的吗？虽然两者只差一个字，但两者的内容却是天差地别的。

流量池思维属于买方思维，简单来说就是企业或品牌方通过各种各样的方式吸引到一定的流量之后，利用数据化运营的方式，不断以极低的成本吸引到更多的流量，在一定程度上满足我们的流量需求。

而流量思维属于卖方思维，简单来说就是商家手头上拥有大规模的流量，可以通过各种方式将流量转变为销量。看到这里相信大家就已经明白了，流量思维的前提是具备了大规模的流量，这是绝大多数初创企业都无法拥有的，所以对于初创企业来说，养成这种思维并没有太大的用处。

因此，在目前的环境下，对于大多数传统企业以及初创企业来说，流量池思维更有效。我们一定要关注流量池，懂得如何对用户进行运营。

分清了流量池思维和流量思维之后，我们再来区分两个概念：流量池与流量源。在最近一段时间里，总是会有人提起公域流量与私域流量。所谓的私域流量，简单来说是指自己能够控制的流量，当我们把这些流量聚集在一起之后，就形成了一个流量池，这就是流量池的概念。

图4-1将目前每一个能够做的营销动作划分成两个板块：一个是流量池，另一个是流量源。

私域流量运营实战：
用户沉淀＋商业变现＋风险规避

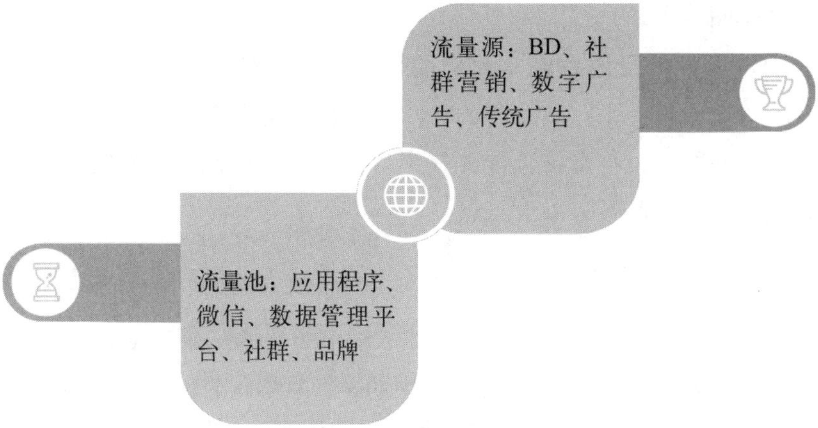

流量源：BD、社群营销、数字广告、传统广告

流量池：应用程序、微信、数据管理平台、社群、品牌

图4-1　流量池与流量源

之所以会将应用程序、微信等称为"流量池"，是因为在这些地方，流量是可以留存的，是可以通过数据化的方式对其进行运营的，是企业能够控制的，是能够长久对流量进行运营的。

而"流量源"通常是通过外部获取的，需要耗费大量成本，且不能使用数据化的方式对其进行运营，是企业无法控制的。

在这里以微信为例。在微信平台上，服务号以及小程序就是一个非常典型的流量池。就目前的情况来看，几乎所有的企业都会利用"服务号+小程序"的方式在微信平台上建立自己的流量池，甚至可以说这是现代企业的标配。

再以传统广告为例。这是一个非常典型的流量源，比如户外广告、标牌广告、电梯广告等，都在传统广告的范畴内，企业通过传统广告吸引流量，需要耗费大量的成本。除此之外，还有找粉丝数量大的网络意见领袖写文章、社群营销、品牌联合等营销方式，都属于流量换流量。

在现在的这个时代，流量池是非常重要的，每一个企业都必须要建立自己的流量池，这是企业开展营销活动的基础，没有流量池，根本就无法进行有效的影响。打个简单的比方，流量源就像是河流，它会不断地流动，当需要的时候，可以从河里取水，但能取水的人不止一个。而流量池就像一个池塘，可以从河流将水引进来，然后围起来，只有自己能取水；当水积累到了一定程度之后，再开始进行转化，这样能够取得很不错的效果，长久经营的成本也会不断减少。

我们可以将流量池看成是我们的根据地，进可攻，退可守。实力强大时，我们可以向外扩张；实力弱小时，可以死守我们的根据地。

需要明确的是，打造流量池的最终目的，是以更低的成本实现更高的留存以及裂变，具体可参考以下三点。

（1）AARRR模型：留存第一

AARRR是acquisition、activation、retention、revenue、referral五个英文单词的缩写，对应的是用户生命周期中的5个主要环节——获取用户、激活用户、留存用户、获取收益、推荐传播，如图4-2所示。

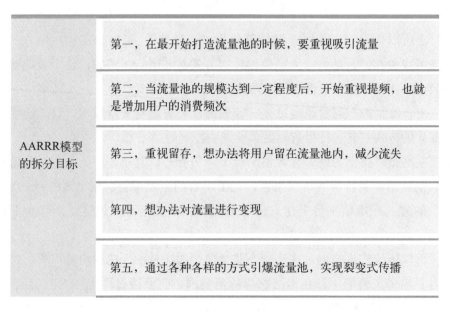

图4-2　AARRR模型的拆分目标

在这五个环节当中，最关键的应该是留存。只有用户留在流量池当中，我们才有机会对其进行运营，才能想办法增加他们的消费频次，才能进行变现，最终实现裂变，然后再通过裂变吸引新的流量。

在现在的这个时代，该模型的顺序已经发生了一定的改变，由传统的"顾客思维"发展为现在的"用户思维"。

顾客思维对于外部渠道有着极强的依赖性，这里所说的外部渠道，可以是线上的电商平台，也可以是线下的门店。外部渠道当中的流量是一次性的，我们想要对这些流量进行多次触达是一件非常困难的事情。

尤其是线下渠道，消费者进入门店，购买了想要的产品后，就离开了，很有可能不会再来第二次。而更重要的是，我们根本无法知道这个消费者的名字是什么，几乎无法将其数据化，而无法数据化就意味着无法与其进行二次触达。在这样的情况下，我们根本不能把这些流量转变为企业的自由流量。

而在互联网时代，随着技术的不断发展，我们是否能在技术的支持下，将这些消费者转变为一个能数据化，并进行用户画像的用户呢？答案是能。

因此，在移动时代，用户思维最重要的应该是粉丝以及用户，接下来才是顾客。

在现在这个时代，我们不必要求用户进入到店铺之后必须要发生购买行为，我们可以先通过各种各样的方式吸引用户关注店铺，让他留下来。然后再利用数字技术，对用户进行全面的精准画像，给用户打上数据标签，并想办法将其引到我们的流量池当中，渐渐打造出一个我们能够控制的流量池。

在互联网时代，想要取得成功，就必须要养成这样的用户思维，它甚至能直接决定企业的生死。

可能有人会问，传统企业应该如何实现留存呢？举个例子：顾家沙发。沙发这种类型的产品寿命非常长，短则三五年，长则数十年。因此，用户在购买沙发之后，几乎就不会再跟商家产生任何的互动，更别谈留存了。而顾家沙发却不一样，他们创造出一个非常有趣的"玩法"：洗沙发。用户在顾家沙发购买了沙发之后，可以享受顾家沙发提供的洗沙发服务，但前提是一定要关注顾家沙发的服务号。对于用户来说，洗沙发是一个具有一定价值的服务，有一定吸引力，所以他们也愿意去关注这个服务号。通过这样的方式，顾家沙发成功地将用户留了下来。用户留下来之后，顾家沙发就有机会与用户进行二次沟通，当用户有需求的时候，也会在第一时间想到顾家沙发。

（2）利用存量推动增量，利用高频推动高频

所谓的存量推动增量，其实非常简单。当吸引到一批种子用户之后，就

可以利用他们去推动增量。举个例子：当积累了10万用户之后，可以通过奖励的方式，让他们去吸引更多的用户，如果做得好，我们甚至可以通过这10万存量吸引到1万的增量。而利用高频推动高频是需要分清楚的。如果用户仅仅是高频的使用，我们根本不能利用他们引起高频的分享，但如果用户是高频的互动，那么我们就能充分利用他们引起高频的分享。

存量是十分关键的，没有存量几乎无法引起裂变，而无法引起裂变就无法取得更大的发展。因此，我们必须要先吸引一批种子用户，这样才有机会引起裂变。

但是，我们应该通过什么样的方式去吸引种子用户呢？其实渠道很多，比如广告、促销活动等，都可以吸引到一定的用户。

在现在这个时代，对于企业而言，高频低价是非常幸福的。可以毫不夸张地说，在现在这个时代，最容易引起裂变分享的产品就是高频低价的产品；而如果产品是高频高价的，也可以引起裂变，但难度要高一些；而如果产品是低频低价的，想要引起裂变几乎是不可能的，原因在于低频低价的产品，根本无法提供福利，引起裂变。

因此，我们在开发产品的时候，一定要考虑频次的问题，并且将其摆在首位，解决了频次问题，再去考虑其他问题。

（3）PBL

所谓的PBL（points badges leaderboards），其实就是我们常常会提到的游戏化思维当中的理论，主要包括三个技巧，如图4-3所示。不过，想要同时使用这三个技巧还是有一定难度的，我们可以结合自身的实际情况，从中挑选一种最合适的来使用。

图4-3　PBL

① 点数　所谓的点数，可以简单理解为积分。对于高频的企业以及应用程序来说，点数是十分关键的。在我国，航空公司以及信用卡在利用点数这一技巧方面是做得最好的。用户购买机票后，可以根据里程数得到一定的积分，用积分可以享受一定的优惠；用户刷信用卡后，可以根据金额得到一定的积分，用积分可以兑换一定的奖励。通过这样的方式，用户黏性可以得到增强。

② 勋章　从本质上来讲，勋章属于点数的合计，可以将其简单理解为成就。在互联网企业当中，勋章的使用频率是非常高的，比如Keep的"运动勋章"。当用户的运动时长达到一定程度后，就可以得到勋章。用户为了获取勋章，每天都会达到规定的运动时长，这在一定程度上能提升用户的活跃度。

③ 排行榜　排行榜能在一定程度上引起用户分享的欲望。试想，当用户登上了排行榜第一名后，是不是会迫不及待地分享给自己的朋友呢？对于价值型的炫耀以及竞争性的促销来说，排行榜是一个非常不错的技巧，最典型的就是微信运动。

当成功建立起属于自己的流量池后，一定要重视对用户进行经营；当成功地打造出一款销量高、口碑好的爆款产品之后，离成功也就不远了。

4.2　个人流量池：高互动、高转化的人格化"人设"打造

通俗来说，所谓的私域流量，其实就是个人或企业通过一定的方式，把流量转移到一个相对封闭的领域当中，我们将这个领域称为私域流量池。在流量池当中的每一位用户都是有着巨大价值的，我们可以随时随地利用这些流量资源，并且其具备可持续性。做私域流量的最终目的，就是增加用户的复购率。

许多人都看到了私域流量的作用，开始着手建立自己的私域流量池。但是，通过什么样的方式去建立私域流量池？建立起来后又应该如何进行运

营？这是做私域流量之前必须要考虑的两个问题。在这里，和大家分享几个小技巧。

（1）千万不要把"人设"仅仅当成是客服

在打造"人设"之前，有很多人会产生这样的疑惑：我们打造"人设"，是否会引起用户的反感呢？其实在最初的时候，笔者也有这样的疑惑，但是，当搞清楚用户为什么要添加笔者的微信后，这个疑惑瞬间就消失了。需要注意的是，"人设"这个词是一个中立词，不要一提到"人设"就觉得它是不好的，"人设"好不好，主要看我们是通过何种方式进行运营的。用户之所以要添加你的微信，是因为你对他而言是有价值的，如果你的"人设"可以为用户产生价值，那么就算他明知道这只不过是"人设"罢了，也不会产生反感。接下来，和大家聊一聊打造"人设"需要注意的三个点，如图4-4所示。

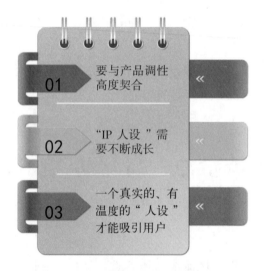

图4-4　打造"人设"需要注意的三个点

① 我们建立的"人设"一定要与我们的产品调性高度契合。

从某种程度上来讲，"IP人设"是我们展示产品的一个重要渠道。站在用户的角度来看，他更容易去相信一个人，所以，我们以个人的身份去吸引用户，成本要比以企业的身份去吸引用户更低。我们打造"人设"的最终目的，是用"人设"去获取用户的信任，使用户在"人设"的影响下，购买我们的产品或服务。在最初的时候，很多人都不知道应该通过什么样的方式去建立"人设"，笔者建议：以产品为核心，围绕产品发掘隐藏在深处的故事，然后塑造"人设"。

在这里，以化妆品为例。如果销售的是化妆品，那么最好是在朋友圈当中发布一些与化妆品有关的内容：分享自己化了妆的照片，分享化妆小技巧，分享好用的美妆产品。通过这样的方式，让用户感觉到我们是一个活生生的人，是他的朋友，让热爱美妆的用户感觉到我们就像是他的朋友，能够共同讨论美妆，快速缩短我们与其之间的距离。

因此，我们在建立"人设"的时候，最好是以产品为基础，准确地定位产品的调性，再通过思维导图的方式，将IP形象划分为五个部分：打造"人设"的目的、目标人群、性格特征、基本设定、主要涉及的领域。然后再以这五个部分为基础，将关键词分别填充到这五个部分当中。这样的做法能大幅度减少我们需要思考的范围，帮助我们轻而易举地确立目标，然后再将每一个大目标细分为一个个小目标，通过不断完成小目标，使我们的最终目标得以实现。

②"人设"并不是一成不变的，而是需要不断成长的。

在建立"人设"之前，我们最好先构建一个大概的模型，要知道我们最终的"人设"应该是什么样的，然后再看看身边是否有类似的人，发掘这些人身上的优点，将这些优点填充到我们的"人设"当中。需要注意，我们这样做的目的，并不是把小李变成小王，而是把小李变成更优秀的小李。以类似的人为基础，可以极大地减少我们的时间成本，并且还能够为我们带来养成感。

笔者在做"人设"的时候，最开始其实就是以自己作为蓝本的，因为以自己为基础建立起来的"人设"，运营难度会相对较小。不过，需要注意的是，我们建立起来的"人设"，价值观一定要与自己高度符合，否则我们几乎无法利用这个"人设"将想要传递的内容传递给其他人。

一个好的"人设"，并不需要在刚开始打造的时候就做得有多么的完美，而是通过后续的各种操作使其不断丰富成熟。一个不断成长的"人设"，更容易带领用户成长。使用了产品之后，"人设"变得更好了，"人设"与产品相互证明，这样就能让用户明显地感觉到差别，亲眼看到产品的效果，这样更能够吸引用户进行购买。

③ 一个真实的、有温度的"人设"才能吸引用户，才能缩短与用户之间的距离。

所使用的头像以及在朋友圈当中发布的照片最好是真实的照片，这样才能让用户感受到你是一个活生生的人，是有温度的人，这样才能获得用户的信任。除此之外，在与用户进行交流的过程当中，一定要注意言辞，不能使用生硬的语气，要结合自己的"人设"，使用符合"人设"的语言以及表情包，这样的方式才能使人物形象变得更加生动。

不过，上面所说的这些都只属于表面功夫，如果想要取得成功，最重要的仍然是给用户带来价值。如果对用户没有任何的价值，那么"人设"再好，也没有任何意义。因此，要做到：朋友圈文案每一条都是新的，不要重复发送同一条文案；在朋友圈当中经常性地分享一些日常生活的内容；多与用户进行交流、互动。

一个优秀的"人设"，可以极大地提升用户的信任感，让用户认为你是一个真实的、有温度的人，而不是一个只会处理问题、不断发送广告的营销机器。

（2）无需成本的广告牌——朋友圈

有许多人认为，所谓的私域流量，其实就是发朋友圈。

这样的观点只对了一半。在运营私域流量的过程当中，绝大多数广告确实是通过朋友圈进行传播的，不过，发朋友圈没有任何的门槛，所有人都可以发，但发出来的效果却有很大不同。有些高手，即使是用朋友圈来打广告，也能吸引许多人的关注，达到良好的宣传效果；而有些新手发朋友圈广告，一发就会被用户屏蔽，究其原因，还是因为新手没有理解私域流量的内涵。那么，应该通过什么样的方式充分发挥朋友圈这个无需成本的广告牌的作用呢？主要有三个方面的技巧。

① 要能为用户创造价值。

价值主要有两个不同的类别：一是专业价值，二是情感价值。什么叫专业价值呢？简单来说，就是自己十分了解产品，对产品所在的领域有着全面、深入、专业的认识，不断地输出具有极高专业性的内容，且能够做到内容虽然专业，但用户可以理解，使用户能够得到他想要得到的东西。举个例子，一个卖美妆产品的人，如果每天都在朋友圈当中推广自己的产品，而不输出其他的内容，那么很容易被用户屏蔽。正确的做法是在推广产品的同时，还分享一些与美妆相关的心得，这样，用户在刷到其朋友圈时，还可以学到一些化妆的小技巧，这就是我们为用户提供的专业美妆价值。

再举个例子。在打造"人设"的过程当中，可以恰当地分享自己对某部电影、某部书籍的观看心得，缩短与用户的距离，提升互动感。

那什么叫情感价值呢？简单来说，就是我们为用户提供价值观或是生活理念。绝大多数微商都是通过各种各样的方式为用户提供情感价值，吸引他们购买自己产品的。微商会经常在朋友圈当中发布各种与生活高度相关的观点以及内容，晒自己的生活，获得用户的认同感（图4-5）。

图4-5　朋友圈广告

总的来说，如果不希望自己被用户屏蔽，那么自己的"人设"一定要能够源源不断地为用户创造价值；当你失去了价值之后，用户会毫不犹豫地将你拉黑。

② 在打广告的过程当中，一定要做到"软硬结合"。

试想，当打开朋友圈，想看看亲朋好友的动态时，看到的却是满屏的广告，你会怎么办？绝大多数人都会选择直接屏蔽广告。因此，如果我们发朋友圈的次数过于频繁，影响到了用户，那么必然会引起用户的反感。正确的打广告方式是"软硬结合"。所谓的软广告，形式有很多，比如买家秀等。我们在做软广告的时候，可以深入发掘产品从研发到成品销售，最后到消费者手中的每一个环节当中的故事，也可以讲述产品从诞生到送至消费者手中的这个过程发生了什么，每一个岗位的员工都做了哪些努力等内容，将其呈现给消费者。软广告更容易吸引到用户，提升广告的点击率。但需要注意的是：比如活动倒计时等内容，最好还是使用硬广告，这样才可以让用户有一种紧迫感，提醒用户尽快参与活动。

③ 选择好发朋友圈的时机。

在发朋友圈广告的时候，除了要做好内容，还需要选择恰当的时机发布内容，否则即使内容再优秀，没人看也起不到什么效果。那什么时间是发朋友圈最好的时候呢？其实只需要想想，我们刷朋友圈的时间点是什么时候就行了。早上起来的时候，中午下班之后，下午下班之后，在这三个时间点发朋友圈是最好的，能极大地提高朋友圈被用户看到的概率。

在最开始的时候，可以结合上述三个时间点，有针对性地发布内容。比如早上人们刚醒，可以发一些轻松的内容；下午发一些活动广告，推动用户进行抢购；晚上发一些生活日常。然后我们需要去分析，什么时间发布什么内容更容易吸引到用户。比如下午发活动广告，看的人不多，就需要改变时间，改为晚上发；也可以改变内容，在下午发布其他内容。这是一个动态的过程，并不是说确定了在什么时间发布什么内容之后，就不需要去管了，每天只需要在规定时间内发布规定内容就好，一定要不断地去尝试，找出最合适的时间、最合适的内容，这样才能够打造一个高转化率、高互动量的朋友圈。

（3）将用户视作朋友

李笑来的《把时间当作朋友》中提到，不要妄想对自己的时间去进行管理，而是将时间当成自己的朋友。这样的道理在用户管理方面同样适用。如果妄想对用户进行管理，那么只会适得其反，必须要把用户当成朋友，以对待朋友的方式对待用户，经过多次沟通交流之后，才可以了解用户真正的需求是什么，然后才能去满足他们的需求，具体可参考以下三点技巧，如图4-6所示。

私域流量运营实战：
用户沉淀+商业变现+风险规避

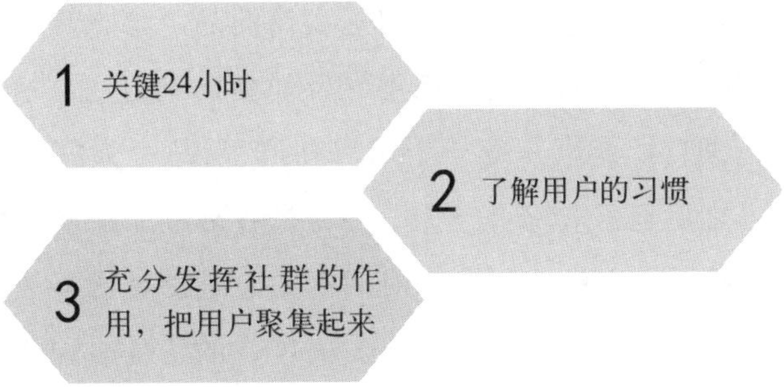

图4-6 对待时间的处理方式

① 关键24小时。

添加了用户微信后的24小时，是非常重要的。在这段时间里，一定要与用户进行一次深入的交流。要在这24小时里弄清楚，用户为什么要加我们，我们可以为用户创造何种价值，这样才能更好地进行后续的运营。绝大多数人同意了用户的好友申请之后，只会说一句"你好"，然后就没有后续了，而仅仅一句"你好"，根本无法让用户继续交流，而一旦失去了这次交流的机会，后续再想要进行深入的交流是非常困难的。

在这里，笔者和大家介绍一个小技巧：如果想要让用户回答问题，那么最好是出选择题而不是填空题，选择题被回答的可能性更高。

② 了解用户的习惯。

在添加用户后，一定不要聊完就不管了，而是要把用户当成自己的朋友，去了解用户，弄清楚他们的习惯，进入用户的朋友圈当中，看看他们喜欢什么，点赞他们的朋友圈，加深你们之间的关系。当我们对用户有了更深入的了解之后，就可以开始给用户贴上"标签"。对于不同"标签"的用户，我们可以采用不同的方式进行运营。

③ 充分发挥社群的作用，把用户聚集起来。

当我们的用户达到了一定数量之后，想要逐个去运营是一件非常耗时耗力的事情。因此，我们可以借助社群的力量，把需求一样、兴趣爱好一样、特征相似的用户聚集到一个群，然后再去对这个社群进行运营，这样能极大地降低运营的成本。社群最大的价值，就是能帮助我们提升用户黏性，帮助我们更高效地培养用户的情感连接。

但是，需要注意的是，如果经营的是实物商品，那么社群就是一把双刃剑，用好了能够带来巨大的好处，用不好反而会伤到自己。举个例子，假设某商家销售的是零食，某天，有一个用户在群里说："大家千万不要买这家的零食，我吃了之后已经拉了三天肚子了。"俗话说，好事不出门，坏事传千里。在这个时候，如果没能在第一时间内应急处理，做好公关，那么这个问题就会迅速传播，影响自己的口碑，失去用户的信任。因此，想要营造良好的口碑，一定要有质量过硬的产品以及完善的售后服务。

最后，笔者告诉大家：打造IP以及私域流量是一个非常漫长的过程，在最初的时候，或许无法取得任何的效果，导致很多人就此放弃，但想要取得成功，必须要坚持下去，投入更多的时间以及精力去做这件事情，相信自己总会有成功的那一天。在这个漫长的过程当中，一定要不断成长，要不断地听取用户的意见，并根据用户的意见进行改进、完善，这样才可以树立一个高转化、高互动的IP形象。

4.3 品牌流量池：品牌IP人格化侧重解决用户和场景的信任关系

现如今，无论是做社交电商，还是做微商，抑或是做公众号，都强调要打造IP。就目前的情况来看，即使是在做私域流量的过程当中，也常常会面临IP问题。但是，大家是否想过：打造IP的最终目的是什么？如果没有搞清楚这个问题，那么就会感觉打造IP的过程非常困难。在这里，我们首先要确认三个问题，如图4-7所示。

很多人认为，IP是互联网出现之后形成的一个概念，但事实上，IP早就在互联网还没有出现的时候就已经存在了。在最开始的时候，IP就是品牌，企业之所以要打造IP，是为了让品牌具有人格。比如，一提到麦当劳，就会想到红头发的麦当劳叔叔；一提到米其林，就会想到轮胎人。这些都是品牌人格化的经典案例。

1 在做私域流量的过程当中，打造IP的目的是什么？

2 在私域流量场景下打造IP和在其他场景下打造IP有什么不一样的地方？

3 在打造IP的时候，可以从什么地方下手？

图4-7 打造IP前需要确定的问题

而如果上述提到的这些品牌现在也开始打算做私域流量，他们还可以使用这些IP吗？试想一下，用户和麦当劳叔叔、轮胎人之间能正常交流吗？一定是不能的。所以，品牌想要做私域流量，必须要重新打造一个IP。

之所以要这样做，主要原因在于，从本质上来讲，品牌IP就像一座桥梁，将用户与品牌连接起来，使用户更容易记住品牌、识别品牌，更好地进行品牌传播，提升产品溢价。但是，在做私域流量的过程当中，品牌IP失去了原有的作用，即使做得再好，用户也不会因为这个去购买产品。

在私域流量场景下，想要让用户心甘情愿地、主动地、积极地购买我们的产品，仅有品牌IP是不够的。前面我们说过，品牌IP是一个将用户与品牌连接起来的桥梁，而在做私域流量的过程当中，我们必须要建设一个新的桥梁，将用户与私域流量场景连接起来，虽然两者都是通过IP连接用户，但两者的核心是不一样的。比如说，在电商平台当中，商家想要与用户建立连接，必须要通过平台方，商家与用户之间隔了一座大山。但这样也是有好处的，以淘宝为例，淘宝不知道花费了多少时间，花费了多大的精力，才让每一个人都知道：自己可以借助网购，足不出户就买到自己想要的商品，且价格比线下门店还要便宜。淘宝为了维护自己的地位，让用户在网购的时候，会首先想到淘宝，会用尽全力与别的平台抢夺流量，维护自己的公域流量，而这些公域流量对于商家来说，是免费的，不需要花费一分钱。

对于商家来说，想要让用户购买自家的东西，就必须要先取得他的信任。而在平台上做生意，我们能够以最低的成本获取到用户的信任。因为想要在平台上开店，平台会有一套十分完善的制度进行审核，并须缴纳一定的保证金，在做活动的时候，也要缴纳一定的押金，这就是所谓的"信任背书"。有了平台的"背书"，我们获取用户信任的成本会大大降低。在各种社交平台上，常常有人会分享一些知名品牌的链接，但绝大多数用户仍然会觉得在天猫旗舰店购买更放心；相同的品牌、相同的产品、相同的型号，京东自营和普通店铺是不一样的，前者更容易取得人们的信任，即使普通店铺价格更便宜，人们也会觉得"一分钱一分货"，更愿意在旗舰店当中购买。在平台的支持下，商家根本不需要和其他平台争夺流量，只需要做好自己就行了，在必要的时候，还可以向平台支付一定的费用购买流量，交易模式为"用户—品牌"。这就是为什么一些知名品牌在打造IP的时候只需要在电商平台上做就行了。

不过，如果企业想要做私域流量，那么企业与用户之间的距离就会大幅度缩短，甚至是直接面对面的交流。在这个时候，企业一定要解决用户的问题：我为什么要待在你的私域流量池当中？我为什么要付费购买你的产品/服务？无论品牌做得有多好，品牌IP有多么优秀，品牌知名度有多么高，这些优势在运营私域流量的过程当中都会被缩小。特别是就目前的情况来看，绝大多数做私域流量的企业都是中小企业。

相信不少人在购物的过程当中，经常会被商家邀请到微信群当中。如果已经买过了他们的产品，且感觉还不错，但当你进入到他们的微信群以后，会和其他用户沟通吗？商家在群里分享的链接会去看吗？当想要再一次购买的时候，会考虑在微信群当中进行购买吗？需要注意的是，私域流量池是一个封闭的空间，这对于企业来说，既有好处，也有坏处。好的地方是，挡在商家和用户之间的大山（平台）没有了，商家可以直接和用户进行交流，大幅度缩短与用户之间的距离；坏处在于，平台的信任背书没有了，必须依靠自己去获取用户的信任。没有了平台的信任背书后，会发生什么？最明显的影响在于，花费了巨大精力吸引过来的用户，长时间一言不发，受到一点外界的影响就会离开，即使主动和他进行交流，他也爱答不理。因此，在做私域流量的过程当中，一定要关注用户与场景之间的信任关系。

在这里，需要注意：品牌、客服、运营是不一样的，必须要区分开来。品牌IP的最大作用，主要是帮助我们进行传播，无论场景发生什么变化，品牌IP都是固定不变的，不管是通过什么样的方式了解到的，买到的品牌的产品，都是相同的。从本质上来讲，客服属于销售的附加，在线下门店当中，店长以及员工都是客服，线上的电商客服也一样，我们没有必要为客服打造IP，因为没有任何的作用。在用户买东西的过程当中，客服最大的作用就是解答一些与产品有关的问题，不管客服是A，还是B、C、D，都是一样的。

社交电商在建立信任关系方面，完全是依靠分销员。这里所说的分销员，就是把产品推荐给用户的人，用户信任这个人，就会信任他推荐的产品。微商和社交电商都是利用这一模式进行销售的，他们会想方设法地让用户把产品推荐给自己的朋友，比如用户分享给多少个人，就能够享受多少折优惠，让用户帮助他们进行宣传，区别在于，微商赚的是"人头费"，而社交电商赚的是"佣金"。

在私域流量场景下，人、货、场三大要素出现了一定的变化，其中最主要的是人和货的变化。一般情况下，进入私域流量池当中的用户，都是产生过购买行为的人，对企业具有一定的信任。场也改变成一个封闭的空间，没有了平台、分销员的信任背书之后，企业必须要通过自己的力量去赢得用户的信任。

假设用户非常喜欢某家店铺，在购买东西的时候会第一时间想到这家店铺，并在这家店铺进行购买，这样的关系只是单纯的交易关系，只有在交易的过程当中才会进行互动。而现在不一样了，用户被店铺拉到私域流量池当中，与店铺的距离大幅度缩短，在这样的情况下，用户会怎么样？绝大多数人在面临这种情况的时候，都会选择保持沉默。因此，身为运营者，我们必须要想办法解决这个问题，要让用户进入私域流量池之后，仍然保持活跃。

在私域流量当中，IP最主要的作用是帮助我们更好地进行运营，运营的核心在于"用户和场的关系"，而不是"品牌和用户的关系"。举个例子，做知识付费内容的人在打造IP的过程当中，绝对不会只围绕着一个课程去做，而是先想办法取得用户的信任。因此，我们在打造IP的过程当中，发朋友圈的时候一定要"有温度"，不要只发专业的内容或是只发广告，可以适当地分享一些日常生活，让用户感觉到我们是活生生的人，这样才能取得用户的信任。

在某些情况下，私域流量IP与品牌IP可以是相同的，但绝大多数时候，我们要打造出一个与品牌调性相符的IP形象。通过这个形象与用户进行不断地交流，在交流的过程当中慢慢地塑造价值，沉淀价值。对于绝大多数中小企业来说，自己的品牌根本无法给自己提供一个强有力的支持，在这个时候，打造IP就是一个最好的选择。

最后，我们再来聊一聊，在打造IP的时候，应该从什么地方入手。其实核心就两个字——价值。只有对用户有价值，用户才会留下来，才会选择信任。之前的内容当中已经讲过，在私域流量当中，IP不需要以产品为基础，IP是能够脱离产品的。举个例子，我们可以将官网原价899元的名牌鞋子300元卖给用户，这对于用户来说也是很有价值的，但这并不适合用来作为我们的IP。不过，假如可以将这种优惠常态化，那么也能塑造一个"有能力、有渠道、有方法拿到低价正品鞋的商家"这样一个形象。但这并不是一件容易的事情，且这与我们做IP的目的不同，因为如果真的能够不断地销售低价的正品鞋子，根本就不需要IP，只要足够便宜，就能够吸引到大量的用户，这和拼多多是一个道理。我们之所以要做IP，主要目的是提升自己的盈利，比如用户以前一年才买一次我们的商品，我们通过不断地运营，使用户半年甚至是一个月就买一次；某产品先前只卖39元，也难以吸引到用户购买，而在我们的运营过后，即使卖89元，用户也会积极主动地去购买。

那么，通过什么样的方式才能够建立起一个溢价IP呢？在这里，笔者想先问大家一个问题：在购买什么东西的时候，会通过搜索或是询问其他人的方式去收集产品的信息？我想，绝大多数人的回答是教育产品、母婴产品、汽车、房子、保险等。这种类型的产品都有一个特点：买卖双方的信息不对称。因此，在私域流量当中，IP有一个非常关键的作用：消除信息不对称，减少用户的选择成本。

在进行私域流量运营的过程当中，我们是否可以只通过情感交流的方式塑造IP呢？这样的方式在短视频、直播当中或许能够取得成功，但在微信中成功的可能性不高。因为在微信中，商家和用户进行互动的渠道只有三个：微信个人号、微信群、朋友圈。这三个渠道都有一定的局限性，都只能通过图文的方式与用户进行交流，难以进行情感交流。在微信中运营私域流量最好的方式是通过自己的专业知识去塑造关键意见领袖的形象，这是现在应用范围最广、效果最好的方式之一。

4.4 成本核算：私域流量池建设的正确方法

前面已经介绍了很多关于私域流量的知识和基础思想，接下来详细介绍一下私域流量池建设的一些基础信息。本节主要介绍一个非常重要的私域流量建设环节——成本核算。

成本核算是传统商贸企业和经营者在生产经营活动中需要考虑的重要指标。经营者会在整体生产经营过程中，对企业按一定的对象数据整理，并且对消耗的各种成本进行分摊和归集，从而计算出总成本和单位成本。

一般来说，企业的成本核算通常是由会计来进行的，他们会将公司所有贸易行为中的金融数据进行整理，并形成报表，方便管理者进行参考。和其他的财务报表一样，成本核算以货币为基础计算单位。私域流量运营也是如此，私域流量成本核算依旧是以会计的报表为依据，以货币为主要计算单位。

对于所有的企业来说，成本核算是管理者对自身经营活动总结的最佳资料，同时也是完善自身成本管理系统的重要组成部分。成本核算对生产经营活动有非常大的干预性，它的好坏直接影响品牌和决策者的成本预测和经营决策。

进行成本核算，私域品牌企业首先要检查自身的经营情况，主要集中在生产经营管理费用上。私域流量企业在进行成本核算的时候，需要知道每一项商业行为是否已经发生，有没有多余的商业行为，现有的商业行为是否应当计入产品成本。

企业进行成本核算，是为了实现私域流量企业对生产经营活动的管理，以及对生产经营中产生的费用的管理和控制，并且最大程度地降低私域企业产品成本。私域流量进行成本核算，还可以根据每一笔款项，按用途有针对性地分配和归集，在此基础上计算出各种私域品牌产品的总成本和单位成本。这些计算结果直观呈现企业经营活动的结果，为私域企业的成本管理提供真实有效的数据。

简单把成本核算进行总结，就是按照私域企业经营活动发生的不同性质和地点进行分类，对私域企业在一定时期内生产经营活动发生的费用进行整理。私域成本核算将生产经营费用进行分类，将它们按一定标准进行归集、汇总、核算。

私域成本核算可以计算出单位时间企业的生产经营费用总额，并将品牌旗下每种产品的实际成本和单位成本分别进行计算。我们说成本核算是私域流量池搭建的正确方式，主要是因为它的基本任务是准确及时地计算私域企业产品的实际总成本和单位成本，提供正确的成本数据，为私域企业准确决策提供科学依据。私域成本核算可以评价出私域企业成本计划的实施情况，全面反映私域企业的生产经营管理水平。

在进行成本核算的时候，要注意如图4-8所示的八个原则性问题。只有这样才能准确地完成私域成本核算，对私域流量企业的经营活动管理进行指导和完善。

图4-8　私域成本核算要注意的八个原则性问题

（1）数据完整、准确性原则

私域流量成本核算应该注意完整地归集与核算私域成本计算对象，也就

私域流量运营实战：
用户沉淀＋商业变现＋风险规避

是作为样本的所有生产经营活动发生的每一样消耗成本和资源数据。私域流量成本核算应该注意准确计算生产资料转移价值，关注所有应计入本期成本的数据和费用额度。正确选取函数工具，保证所得数据资料的准确性和真实性。

（2）合法性原则

私域流量成本核算的合法性原则，主要是指私域企业所有计入成本样本的费用都必须符合法律、法规、制度等的规定。按照这一原则，私域企业所有不合规定的费用都不能计入成本样本。

（3）分类明确原则

私域企业成本核算的标本对象要科学地确定，无论是成本计算的对象，还是纳入计算的项目样本，还是成本计算方法和费用分配方法都要匹配。成本核算的期间选取应当一致，私域成本核算的成功首先要保证各种产品成本的准确，报告提交及时得当。分类明确有助于增加私域企业成本数据的真实性和可验证性。

真实性是指私域企业所提供的成本样本信息与客观经济事项相一致，不应掺假，甚至人为增加或减少成本都不可取。成本的可验证性，是指成本样本数据可以由不同的人员，甚至是非会计人员，按照一定的原则对成本样本进行计算，可以得到相同的结果。真实性和可验证性是成本会计信息正确性和可靠性的保证。

（4）相关性原则

相关性原则包括私域企业提供的成本信息的有用性和及时性。成本核算的有用性是指成本数据应当为私域企业的管理经营提供有用的信息，为私域企业管理决策者的成本管理、预测和决策服务。成本核算的及时性强调私域企业信息获取的时效性，无论是否进行成本核算，及时的信息数据反馈可以帮助企业及时采取措施，跟进并改进工作。如果信息数据滞后，私域企业获取的信息数据极有可能成为无用的信息。

（5）分期核算原则

私域企业为了了解自身发展情况，需要取得单位时间所生产产品的所有成本数据，这就要求必须将私域企业繁忙的生产活动按天、周、月、季、年等划分为不同的时期，在成本核算时分别计算各期产品的成本。要注意的是，私域成本核算的分期，必须与私域企业会计所计算的分月、分季、分年时间跨度一致，这样可以便于财会数据的计算和总结。

（6）权责发生制原则

私域企业成本核算时应该注意：凡是应当由当期成本承担的费用，无论是否已经支付，都应当计入私域企业的当期成本；而凡是不应当由当期成本承担的费用，这里指超前成本或者是滞后成本，在权责发生制原则的当下，虽然是私域企业本期支付的，但不应计入私域企业的本期成本。权责发生制原则是为了确保成本核算的结果能给私域企业提供准确成本信息。

（7）一致性原则

私域企业成本核算有很多种，而同一企业所采用的方法，前后各期必须一致。这是为了使私域企业各期的成本资料一致。在后期查阅和复盘时有统一的口径，可以做到整体资料前后连贯，互相可比可查，便于私域企业决策者自省。

（8）重要性原则

私域企业成本核算对于自身成本的控制和管理有重大影响，在所有行业的企业中都是作为重点项目，无论是采取哪一种方式都力求精确。在私域企业做成本核算的时候，也应有取舍，重点项目重点核算，尽量细致地分期、分类，保证资料翔实准确，而那些对于私域企业不太重要的琐碎项目，则可以在成本核算时从简处理，不用特别详细地分期至周。

私域企业进行成本核算，就是对已有数据的再次处理，其实质可以看作数据信息处理加工，是一个转换过程。私域品牌企业将自己企业经营管理中已发生的各种资金归纳起来，将有形和无形的耗费按照一定的计算方法和程序进行处理并形成数据化结论。

私域企业的成本核算是按照私域企业已经确定的成本核算对象进行的，它将成本按照使用范围或者其他的既定标准进行费用的汇集和分配，这整个过程就是私域成本核算的过程。

私域流量运营实战：
用户沉淀＋商业变现＋风险规避

私域品牌企业想要正确地建立私域流量池，首先就要正确、及时地进行成本核算。私域成本核算对于私域企业可持续发展有着非常重要的推动意义，有效的成本核算可以促进私域企业完成增产节约，实现私域企业高产高效的目标，对私域企业管理经营以及发展优质产品，降低成本消耗，多积累生产经营经验都具有重要的意义。

4.5　价值提升：私域流量池核心价值在于建立C2C联系

互联网行业的飞速发展，导致越来越多的人渴望发展低成本流量，发展私域流量模式，希望能沉淀用户，建立属于自己的私域流量池。大家都知道，私域流量的主要运营方式是社群，是依靠社交营销完成自己的营销裂变。而本节讲的就是私域流量企业如何做好自己的价值提升，怎么构建一个属于自己的流量池。

说到电商大家都不陌生，自从互联网把大家的联系变得越来越紧密之后，电商的发展到如今也经历了质的飞跃。互联网电商一直在探索合适的发展模式，找寻适合未来的发展方向，许多电商品牌经历了不止一次的转型。新零售将B2B、B2C模式作为新的风口推到电商经营者面前，而现在私域流量的发展，对于渴望转型的电商是机会，也是挑战。

私域流量的概念是相对于公域流量而言的，它的实质是需进行流量的沉淀和转化，依赖于社交，依赖于社群，它要发展的是在B2B、B2C基础上的C2C模式。所以简单而言，建立属于自己的私域流量池的核心，在于建立起C2C联系。

也就是说，私域流量社群是非常重要的发展基地，私域流量社群的每个成员之间都要建立起一定的联系，建立起消费者与消费者之间的专属联系，才能真正地沉淀流量，将用户进行有效转化。

如图4-9所示是几个建立C2C联系的注意事项，供大家参考学习。

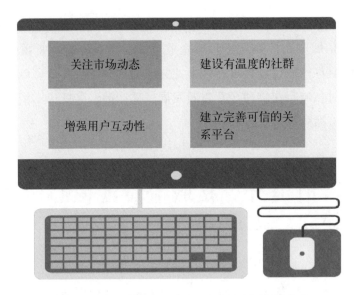

图4-9 私域流量企业建立C2C联系的注意事项

（1）关注市场动态

私域流量运营者在建立私域流量池之前，应当关注消费者市场，关注行业动态，这样才能确定自己的私域产品是否符合市场需求，是否可以被消费者认可和接纳，关注市场动态也有助于私域流量运营者制定合适的企业发展战略。

消费者市场的需求总是多样的，但是也有统一之处。消费者需求都是从低到高发展的，只要满足了大部分的基础需求，私域品牌的产品就能在市场上占有一席之地。而消费者在基础需求之上的多样化需求，也是私域流量企业产品所要追求的，只有二者都能满足，才有消费者之间更进一步的联系，这是建立C2C联系的基础。

（2）建设有温度的社群

私域流量企业要建立私域流量池，首先要有自己的发展矩阵，社群就是私域流量最关键的发展矩阵。私域社群作为一个社交群体圈层，成员之间必须是有共同特性的，而不是单纯地在同一个地区就可以形成私域社群。私域社群不仅要建立，还要建立得优质，运营者不能仅仅将用户拉近社群，还要用心去经营发展。

私域流量运营实战：

用户沉淀＋商业变现＋风险规避

只有建立一个有温度的社群，用户才能真正敞开心扉，真正对运营者和品牌本身产生信任、认可，才能获取消费者好感。对于一个有温度的私域社群而言，主题活动是必不可少的，针对用户的特点和爱好的内容产出、经验分享等也是必不可少的。温度是人与人之间交往的前提，建设有温度的社区，是私域流量运营者建立C2C联系的第一步。

（3）增强用户互动性

C2C的本质是消费者与消费者之间的联系，因此，增强用户互动性是私域流量运营者建立C2C联系的基础。只有用户与用户之间有了互动和联系，他们才有可能产生贸易关系，才有可能建立彼此间的C2C联系。

这就要求私域流量运营者和商家要加强引导，首先要以身作则多去留言区评论留言。运营者还应该多在社群里发起话题，利用一些共性激发用户之间的同理心，再抛出一些话题制造好奇感，让用户在聊天和讨论中彼此了解，增加用户的归属感和认同感，这样有助于彼此间关系的维系。

用户与用户间的贸易行为需要很强的信任和彼此了解才能发生。除了线上的活动和互动，私域流量运营者还可以通过增加线下活动来增加用户彼此之间的熟悉感和亲切感，毕竟面对面交谈是建立联系最好的也是最快的方式。只要消费者之间有了一定的信任和默契，社交圈真正衍生在生活中，借助社交营销传播，私域流量C2C关系的建立就能轻而易举。

（4）建立完善可信的关系平台

以往最常见的商业模式是B2C模式，是早期互联网电商的发展模式，由大平台作为信任担保，为商家和消费者建立关系平台，促进贸易行为的发展。传统电商的B2C模式发展，是因为有大平台背书，消费者觉得有保障、可以信任才进行的。私域流量运营者建立C2C模式也是如此，首先要消费者和消费者之间有一个可信任的背书平台作为保障。

私域品牌本身就可以充当这个平台角色，无论是私域社群还是品牌留言区，私域流量运营者可以在消费者之间充当关系的维系者。用户与用户之间虽然不熟悉，但是用户都信任并了解私域品牌企业，他们也可以通过私域品牌企业进行联系和沟通，这可以强化消费者对品牌的认同感。

只要消费者与消费者之间存在一个完善的、可信任的联系渠道和平台，那么他们就可以开展私下的营销或者贸易活动，同时也会为私域品牌进行二次甚至是多次营销，产生裂变营销效果。这样一来，私域流量的C2C模式也就完全开展起来了。

私域流量运营者和管理者为自己的品牌企业建设属于自己的私域流量池，主要目的是：沉淀用户，降低自身的获客成本。而建立起私域品牌自己的C2C模式，在无形之中将品牌企业的商业价值发挥到最大，再加上品牌不会只发展一种商业模式，而是多种商业模式互相配合、协同发展。这样一来，私域企业就能更好地管理和调整生产销售活动，更好地维系和消费者之间的关系，从而在市场上占有一席之地，使企业有更长远的发展。

4.6 【案例】淘宝某卖家的私域流量池建设过程

当前，很多电商还有企业运营者和决策者都跃跃欲试，迫不及待地要发展自己的私域经济，建设自己的私域流量池。私域经济的蓬勃发展，证明了企业探索私域流量的很多尝试初见成效。几乎所有的企业经营者和运营者都希望自己的企业能低成本、大规模地获客，并能从中提取种子用户，成功完成转化。

这听起来很有吸引力，但是做起来却十分困难。不是所有的种子用户都可以低成本获取，也不是所有用户都能有效转化，吸引是一回事，而维护又是另一回事。品牌企业要发展私域流量，首先要考虑多方面的事情，无论是用户、市场，还是产品、服务。接下来，我们就通过淘宝某卖家的私域流量池建设过程来看一看，怎样少走弯路，建设一个成功的私域流量池。

运营需要技巧，一个优秀的运营需要有属于自己的、能打动人的、良好的沟通和营销方式。发展私域流量更是如此，企业运营者需要在建立起自己的私域流量池之前就有合适的服务模式。淘宝某卖家就是如此。他们在电商前期就已经形成了系统的服务方式，也有了应对不同用户的策略，以服务至上、客户为主作为自己的经营运营理念，首先以服务赢得良好口碑。

该淘宝卖家充分发挥服务人员的能动性，对客服有系统详细的培训，有意识地提升服务人员的能力及态度，强化其对岗位的认知。这就导致其用户对卖家的服务赞不绝口，也产生了复购的意愿。并且用户会和客服人员和运营人员有更多的互动，产生进一步的联系，有作为转化预备用户的可能，这就为发展私域流量、建设社群和流量池奠定了基础。这样的服务会使用户对品牌企业产生亲切感，认为品牌有温度，更容易产生认同感。该卖家就是优先通过有温度的、合适的服务赢得了市场认可，从而占据了一席之地。

服务优质只是一方面，此外，最重要的还是品牌企业自己的内容产品。只要拥有良好的产品，无论在什么情况下，都会获得用户认可。产品是一个企业的最佳代言人，无论营销方案多么深入人心，如果产品质量拖了后腿，也不会达到预期的运营效果。反之，如果产品质量在市场上名列前茅，也能够满足消费者的需求，那么即便不在运营上多费心思，使用过的用户也会成为背书担当，能起到足够的营销效果。

这个淘宝卖家发展自己的私域流量，就是以产品作为保障建设自己的私域流量池的。这个淘宝卖家根据现有的销售记录时刻调整自己的产品，并且专注于市场调研和用户评价，认真地总结自身产品所包含的问题，根据反馈结果进行产品的升级迭代，并且时刻检测行业市场需求变化，致力于满足市场大部分需求的同时，还坚持进行特色化产品研发。这个卖家正是通过优良的产品质量，不被淘汰的产品性能、外观，以及满足个性化要求的产品在众多的淘宝电商中站稳脚跟，为自己发展私域流量奠定了坚实的基础。

私域流量依托的是社群和用户之间的社交，因此很多电商企业在开展自己私域流量运营的时候无条件地首先建立社群，这其实是一个错误的方式。社群对于运营者的能力有相当大的需求，如果社群运营不当，不仅达不到预期效果，反而适得其反。因此，如果无法保证能运营一个优秀的社群，就不要在第一时间建立社群。私域流量不单单依靠社群，其他的方式也是可以培育并维系自己的私域流量的。建设社群一定要谨慎决定，用心运营。

这个淘宝卖家就是如此，在开始的时候并没有心急于马上建立社群，这是因为他们了解社群运营的重要性。在私域流量建设初期，仍旧是依靠服务和评论互动维系并管理用户，保持用户对品牌的认可和忠诚度，并且利用营销手段辅助用户对品牌产品保持关心和好奇心。并不是所有的用户维系只靠单纯的推销话术就可以达成，现在的用户经历了越来越多的推销，也见识过越来越多的套路，警惕心越来越强，所以私域社群的建立要在用户对品牌有信任的基础上。

这个卖家会经常性地发布新的营销方案，以崭新的优惠策略和活动形式吸引消费者，在已经拥有固定用户的同时再建立社群。私域社群开始时只有固定的几个老用户，人数少，方便社群运营者维护和管理社群成员，也方便商家为社群成员发放一些私人的小活动和优惠礼遇。后来随着运营经验的丰富，运营者有能力继续运营时才进一步扩大了私域社群的规模。私域社群并不强制用户加入，而是让用户自行选择，自愿加入，这有助于增强社群成员的认同感和互动性。

对于每一个贸易企业来说，用户都是最重要的，私域流量作为互联网贸易模式也不例外。社群不仅仅是维系用户的工具，更是扩展市场、建立品牌忠诚度、提高认可度的重要矩阵。这个淘宝卖家致力于建立有温度、人性化的社群，它不仅仅是将用户拉进一个社交群组，还努力让社群互动更加频繁，让社群的每个成员建立新的联系，获得认同感和归属感。社群的存在意义并不只是为了营销，更重要的是交流和沟通。

根据上述的一些内容能发现，在建设私域流量之前，应当对企业自身有一定的了解。无论是哪个行业的运营者和管理人员，一旦决定要建设私域流量，首先就要对自己的各种数据进行分析总结，找出最适合的发展方向。根据市场的现状和需求，调整自己的经营管理模式，制订新的营销方案，寻找新的用户群体。最重要的是，要对企业自身有一个明确的规划，扬长避短。

私域流量是现今的一个发展趋势，许多电商和品牌企业都在积蓄力量发展自己的私域流量。虽然现在的私域流量发展还不成熟，仍有缺陷，但是仍旧要抓住机遇，迎难而上。

第5章

支撑体系：
私域流量运营机制设计

在互联网技术飞速发展的今天，越来越多的现代企业开展了数字化的转型升级，私域流量也是企业数字化转型中的一项尝试。前面介绍了私域流量运营的注意事项和基本知识，本章主要详述私域流量运营的支撑体系，即做好私域流量运营所需要的机制设计方案。

5.1　基本意识：私域流量运营与会员运营是两回事

2019年，私域流量的概念突然火了起来，随之而来的是大量与私域流量相关的论述以及各种各样的实践经验总结。它的出现，让企业有了希望。不过，一个事物的火热，必然引起众人的讨论。有人认为私域流量对于企业而言，有着巨大的价值；也有人认为私域流量不过是炒冷饭。

为什么有人会觉得私域流量是炒冷饭呢？究其原因，还是私域流量和以前的会员制有着很多相似的地方，有人认为，所谓的私域流量，其实就是会员制的升级版。

我们先来看两者的定义，会员制的经营理念和私域流量的定义如出一辙，两者都非常重视与用户之间的关系，都强调利用各种各样的方式，让自己与用户之间的关系更为紧密，从而获取更大的利益。那么，两者的定义一致，是否真的说明私域流量是会员制的升级版呢？其实并不是，两者虽有很多相同之处，但也有明显的不同。

（1）私域流量运营与会员运营的相同之处

我们先来看相同的地方，如图5-1所示。

① 私域流量与会员制的本质与催生原因都是相同的。

截至2022年12月，中国网民人数已经突破十亿，互联网普及率达75.6%，互联网用户增长速度放缓，各大市场开始进入存量经营的比拼赛道。在这个时代里，所有的互联网从业者都在面临着一个难题：通过什么样的方式才能以更低的成本吸引到更多的流量，并从这些流量上获取最大化的价值呢？

我国开始流行会员制是在2015年。在这一年，京东推出了PLUS会员，吸引了一大批人的关注，也引来了国内企业的争相模仿，无论是线上电

私域流量运营实战：
用户沉淀＋商业变现＋风险规避

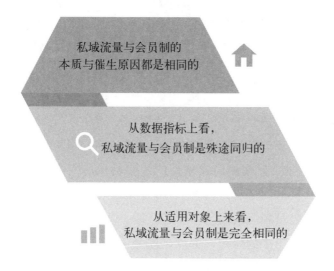

图5-1 私域流量运营与会员运营的相同之处

商平台还是线下零售门店，都开始推出会员制。2018年，阿里也加入了会员制大军，推出了88VIP。到目前为止，京东、阿里等电商巨头，仍然将会员制视为重点发力方向。

而拼多多等社交电商的崛起，改变了这一局面。线上电商平台的用户量一路攀升，产品同质化现象越来越严重，这直接导致了交易双方地位的变化。从前，占据交易主导地位的是商家；而现在，占据交易主导地位的是用户。在这样的背景下，用户成为企业争抢的核心，也正是因为如此，私域流量这一概念瞬间爆红。

从本质上来讲，私域流量和会员制都是希望能够通过精细化运营的方式增加存量用户的转化。对于企业来说，无论是会员制还是私域流量，都能给他们带来巨大的发展红利，这就是那么多互联网企业都非常重视会员制以及私域流量的原因。两者都能够在一定程度上拓展企业商业变现的途径，缓解因外部环境出现变化而造成的业绩增长压力。

就现在的情况来看，吸引一个新用户的成本是非常高昂的，而留住一个老客户的成本则相对较低。因此，企业纷纷转移目标，从想尽办法吸引新用户转为费尽心思留住老用户。会员制与私域流量，都是留住老用户的重要途径。

② 从数据指标上看，私域流量与会员制是殊途同归的。

流量成本（又称用户获取成本，CAC）以及流量收益（CLV）这两个指标是私域流量的核心，而最终看的是投入产出比（ROI）。流量成本是指企业在公域流量池当中挑选用户，将用户吸引到自己的私域流量池当中所花费的成本。

复购率这一指标是会员制的核心。复购率是指在一定的时间范围内进行二次及二次以上购买的会员人数与会员总人数之间的比例。还有一个指标也是非常重要的，即会员注册转化率，这是会员注册人数与用户总数之间的比例。

私域流量与会员制之间的区别在于，每一个被企业通过各种各样的方式吸引到私域流量池当中的用户，都可以称为企业的私域流量。而企业在通过各种各样的方式吸引到用户之后，还要再引导用户进行一个"注册"的行为，注册之后的用户才能被称为企业的会员。也就是说，会员制在吸引到用户之后，还需要再对用户进行一次划分，而私域流量不用。

但笔者个人认为，从本质上来讲，ROI和复购率这两个指标其实是一样的，企业无论是努力增加复购率还是努力增加ROI，最终的目的都是增加营销回报。

除了上面提到的几个核心指标之外，私域流量以及会员制的其他指标基本上都是一样的，比如平均交易次数、用户活跃率等。

③ 从适用对象上来看，私域流量与会员制是完全相同的。

其实从数据指标上，我们就能够看出私域流量运营与会员运营的适用对象是一致的。不过具体来说，我们主要可以分为以下几个方面。

a.用户方面。

● 私域流量运营与会员运营都可以在一定程度上降低用户的决策成本；

● 私域流量运营与会员运营都能帮助企业与用户建立起信任关系；

● 私域流量运营与会员运营都能帮助企业将用户聚集起来，形成强大的规模效应。

b.复购方面。

● 私域流量运营与会员运营的最终目的都是提升用户的复购率，提升收益；

● 私域流量运营与会员运营的最大作用，都是帮助企业维护与用户之间的关系，增加用户黏性，增强用户忠诚度；

● 私域流量运营与会员运营都能帮助企业降低扩展品类的难度，前提是复购率和用户忠诚度都达到一定水平。

c.客单价方面。

● 私域流量运营与会员运营都能帮助企业增加产品附加值，最大限度地发挥品牌效应；

● 私域流量运营与会员运营都能为企业带来更高的客单价，以维持高运营成本的支出。

d.整体解决方案方面。

● 私域流量运营与会员运营都能为用户提供大量的个性化服务；

● 私域流量运营与会员运营的服务都具备相同的特性——服务周期长；

● 私域流量运营与会员运营都能为企业提供一座与用户沟通的桥梁。

（2）私域流量运营与会员运营的不同之处

接下来，我们来看私域流量运营与会员运营的不同之处，如图5-2所示。

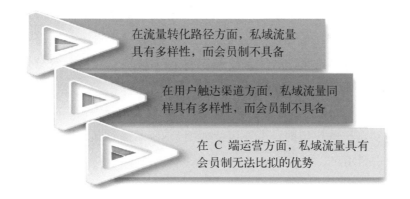

在流量转化路径方面，私域流量具有多样性，而会员制不具备

在用户触达渠道方面，私域流量同样具有多样性，而会员制不具备

在C端运营方面，私域流量具有会员制无法比拟的优势

图5-2　私域流量运营与会员运营的不同之处

① 在流量转化路径方面，私域流量具有多样性，而会员制不具备。

会员的转化路径十分单一，主要是通过会员专属价、会员专享优惠券、会员免费试用等方式进行转化的。

而私域流量的转化路径十分丰富，关注公众号、进入微信群、关注快手号、关注抖音号、关注咨询号等都可以看作成功转化到流量池当中，只要进入流量池当中，就算完成转化。

私域流量的转化，更强调两个特性：一是持续性，二是长远性。将用户吸引到流量池当中，并不仅仅是为了一次两次复购，而是为了通过不断创造出对用户有价值的内容，不断触达流量池当中的用户，以终身价值为导向，尽最大努力增加用户复购率，并利用用户的能力帮助我们进行传播、裂变。

所以，单从转化路径这一方面来看，私域流量的价值远高于会员制。

② 在用户触达渠道方面，私域流量同样具有多样性，而会员制不具备。

从本质上来讲，会员制是通过筛选的方式，从所有用户当中挑选出合适的用户，并给予这些用户会员身份，让这些用户能够享受到普通用户无法享受的优惠。但关键之处在于，即使用户成为了会员，也没有一个渠道能够与用户进行直接沟通，导致对会员进行重复触达是非常困难的。想要与用户进行触达，只能借助会员的情感归属以及身份认同，也就是说，企业并不能主动触达用户，只能是等用户主动触达企业，十分被动。

而私域流量则不一样，它之所以能够引起众人的关注及讨论，并被大量企业认可、重视，就是因为它在用户触达渠道方面具备了多样性。

私域流量的触达渠道主要有社交平台、自有应用程序、短视频内容平台、论坛、社区、内容资讯聚合平台、电商平台等，企业可以充分利用这些渠道，将用户吸引到自己的私域流量池当中。

在这些渠道当中，最重要的、使用率最高的是微信。微信具有的几个特性是其他平台无法比拟的，主要包括如图5-3所示的这几点，能够极大地帮助企业吸引新用户、留住老用户。

图5-3　微信具备的特性

③ 在C端运营方面，私域流量具有会员制无法比拟的优势。

需要注意的是，并不是只有个人能够成为会员，组织同样可以。无论企业的主要客户是组织还是个人，只要满足一定条件，就能获得会员身份，享受一定的优惠。

但私域流量的主要客户是个人用户。这个特性是由私域流量的触达渠道决定的，这也就意味着：私域流量更适合进行C端运营。不过，虽然私域流量的主要客户是个人用户，但私域流量的用户经营理念适用于所有类型的客户，即使是组织也是一样的。

就现在的情况来看，互联网的营销成本越来越高。在这样的背景下，企业如果想要在残酷的竞争环境当中生存下去，就必须通过精细化的运营来提升效率，减少成本。

从用户方面来看，新时代的消费者不再是只追求便宜的人，他们更看重产品的品质，并且有着社交化、个性化的需求。他们非常在乎购物过程当中得到的体验，如果体验不好，那么即使你的产品做得再好，他们也不会购买。而私域流量诞生的初衷，就是给用户带来更好的消费体验，同时减少运营的成本、提升运营的效率。

最后，需要明确的是，私域流量与会员制并不是二选一的，我们可以同时使用两者，因为两者有着许多相同之处。如果我们利用好这些高度契合的特性，那么便能产生1+1＞2的效果。

5.2 内容体系：内容营销是私域流量运营的基石

如果想要将用户从公域流量池当中转移到私域流量池当中，那么就必须要有足够优秀的内容，这是非常关键的。除此之外，当我们将用户吸引到私域流量池之后，想要让他们留下来，同样需要有足够优秀的内容，并且源源不断地提供内容，否则用户很快就会离开。

请大家想一想，为什么会去关注一个品牌，关注一个主播呢？是不是因为非常喜欢他的内容？如果有一天，不喜欢其输出的内容了，或是其无法输出优质的内容了，还会继续关注他吗？

所以内容营销是非常重要的，它是私域流量运营的基础。那内容营销是什么？想要了解它，就必须将其拆分开来，分为"内""容""营""销"四个部分。接下来就和大家聊一聊这四个部分分别代表什么（图5-4）。

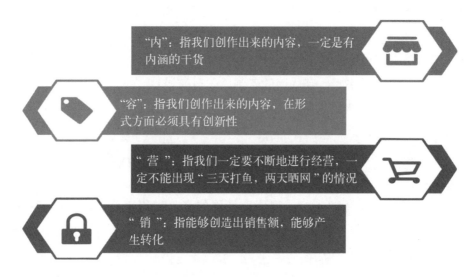

图5-4 "内""容""营""销"的含义

对于内容营销这个概念，美国内容营销协会的定义是这样的：内容营销是一种战略营销方法，主要的方式是不断创作出具有高度关联性、对用户有价值的内容去吸引目标用户，并将他们聚集到一起，然后再通过不断地运营，使这些用户的行为得到改变或强化，最终实现商业转化，获取利润。

值得一提的是，美国内容营销协会还做过一个关于"企业做内容营销目的"的调研。结果表明：企业做内容营销的主要目的中，提升品牌认知占81%，对市场进行教育占73%，与客户建立信任关系占68%，挖掘和培育上级占68%。这四个目的是绝大多数企业做内容营销的目的。所以，当企业拥有以上四个需求的时候，就是做内容营销最好的时候，它能在很大程度上满足需求。

接下来和大家聊一个案例。有一部分人觉得，内容营销是在互联网兴起之后才诞生的，然而实际上，早在20世纪就已经开始有人去做内容营销了。

这个案例可以说是最典型，也是最成功的一个营销案例。

米其林在最开始的时候是一个轮胎制造商。但是，各种各样的原因导致米其林轮胎在当时的销量逐渐下滑，这让米其林兄弟（米其林的创始人）非常头疼。于是他们两人就聚在一起，讨论通过什么样的方式才可以挽回局面，并增加轮胎的销量。接下来，两人花费了很长一段时间对用户进行分析。

在他们那个时代，汽车并没有像现在这么普遍，甚至可以说汽车是一种奢侈品，只有上流社会的家庭才能拥有一辆属于自己的汽车。有了汽车，人们可以随意地去自己想去的地方，于是当时就掀起了新的浪潮——汽车旅行。针对这一时代背景，米其林兄弟设计了一本《米其林指南》，并在1900年举办的巴黎万国博览会上公布。这本指南当中的内容主要是整个法国（在后来，米其林还进行了扩充，范围直接扩大到欧洲甚至整个世界）的景点介绍、旅行规划、餐旅推荐、路线引导、附近的维修厂、加油站等信息。更为重要的是，米其林还在这本指南当中加入了在路上轮胎出现问题时，个人如何更换轮胎的教学方法。在这之后，各大修车厂、轮胎经销店都出现了《米其林指南》，并且免费发放。就这样，随着时间的不断推移，越来越多的人认识了这本书，在想要旅行的时候第一时间想到它。到了现在，《米其林指南》已经成为旅行爱好者必备的一本书。

看完了这个案例，大家有什么感想？从这个案例当中，我们总结出几个内容营销所必需的关键因素。

首先是需要对用户进行全面细致的分析。上述案例中，米其林的客户，也就是汽车的拥有者，在当时非常喜欢进行汽车旅行，所以他们就结合这一情况制订了相应的内容营销方案。

其次是需要创作出对用户具有价值的内容。上述案例中，《米其林指南》中的内容对于用户来说，具有极高的价值，其中所有的信息都是用户在汽车旅行的过程当中能够用得上的。

最后是需要具备有效的传播渠道。在上述案例中，米其林先是在万国博览会上公布《米其林指南》，借助博览会的力量来为自己进行宣传，让人们知道有一本与轮胎有关的旅行指南。然后是在修车厂免费发放，精准地传播给目标用户。最后是在经销商处免费发放，利用经销商的力量为自己吸引顾客。

米其林的这场内容营销，是120多年前的事情了，但就算是120多年后的今天，他们所使用的营销理念仍然十分先进。

现在我们来思考一个问题：在如今的这个时代，我们仍然能够使用米其林的营销方式吗？答案是能，但需要进行一定的改进。那怎么改进呢？在制订内容营销的策略之前，我们先想想，开展内容营销之前，可能会面临什么难题？一般来说有五个，如图5-5所示。

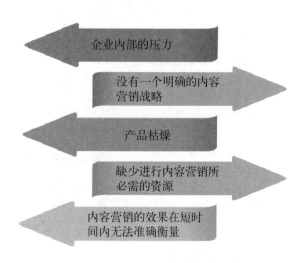

图5-5　企业开展内容营销之前可能会面临的难题

接下来，笔者就来和大家聊一聊应该通过什么样的方式解决这些难题，我们主要从四个板块进行分析：策略规划、内容生产、传播分发、效果优化。

（1）策略规划

在这一阶段，最重要的地方在于设计一个完整的、高效的、以用户为中心的内容营销策略，要探索用户需求与厂商需求之间的交集点。

需要强调的是，大家如果打算开始进行内容营销，那么在开始之前，必须要先想清楚以下问题：

a.什么样的用户是目标受众群体？这部分用户有什么样的需求？

b.向用户输出内容的最终目的是什么？

c.想要将什么信息输出给目标用户？

d.所输出的内容是不是用户想要的内容？这些内容对用户而言是否有价值？

弄明白了以上几个问题之后，才能有一个明确的方向，这样才能在后续创作内容的过程当中，有一个明确的目的。

接下来，就需要考虑用户的实际情况去设计与之相对应的内容，比如说针对用户所处的行业去设计，针对用户的职位去设计，针对用户的性别去设计，针对用户的购买决策阶段去设计……在设计的过程当中，我们一定要善于从企业内部以及企业外部去收集所需要的资料。

需要注意的是，"购买阶段"是非常重要的一个因素。一个优秀的内容营销，应该能够直击用户的"痛处"，激起客户的需求，然后去满足这个需求。但绝大多数企业在做内容营销的过程当中，可能会忽视购买阶段的重要性，他们会创作出大量的内容，然后什么都不管，直接推送给用户，这样的做法会导致内容营销不仅不能吸引到用户，还会引起用户的反感。

那在做内容营销的过程当中，究竟应该使用什么方式才能吸引到用户呢？其实也很简单，一定要结合用户的购买阶段来创作内容，并且不要将所有创作出来的内容一股脑地推送给用户，而是结合用户需求进行推送。

认知、考量、比较、购买以及最后的拥护，是非常典型的用户体验过程，也是重要的营销漏斗方案。那么，应该通过什么样的方式来运用这个漏斗呢？主要方式有两种：一种方式是，根据这个营销漏斗，从中找出我们想要吸引的客户是处于什么阶段的，然后再根据阶段的特点去创作具有针对性的内容；另一种方法是，先尝试按照自己的方式去做内容营销，在这个过程当中不断地收集相关的营销资料，收集到一定的资料后，再把这些资料放到营销漏斗当中，从而判断自己创作的内容是否与方向相符，如果不相符，就需要进行改正，并通过这个漏斗方案，判断自己有没有执行到位。

（2）内容生产

当做好策略规划之后，接下来要做的就是内容生产。在这一阶段，关键之处在于一定要设计出一个完整的、高效的、流程化的内容生产机制，合理利用多种方式创作内容，比如说亲自撰写、采访、转载、翻译、购买等；除此之外，还必须要将专业生产、职业生产和用户生产等多种不同的内容创作途径结合起来；最后，还要避免出现相同内容多次使用的情况，这会引起用户的反感，即使把相同的内容制作成不同类型的资料，也要尽量避免。至于究竟如何设计一个合适的内容生产方式，这就需要大家结合企业的实际情况去设计。在设计出来之后，还需要经过不断地改进、不断地完善，最终形成一个投入少、产出高、能够实现流水线作业的生产机制。

在进行内容生产的过程当中，行为召唤（call to action，简称CTA）也是十分关键的一个环节。要设置何种CTA，要通过什么样的方式去进行设置，这些都是要考虑的问题，这能够直接决定内容营销的效果如何。下面就和大家分享一些小技巧。

第一，没有必要在一份内容当中，回答每一个问题，而是尽可能地把更多的内容放到CTA当中。

第二，CTA要尽可能地埋在内容的各个地方，尽量不要只埋在内容的末尾部分。

第三，最好把内容当中的名言设计成一个图片，并在合适的地方加上一个二维码。之所以要这样做，是因为主要有两个方面的好处：其一，如果这句话能够引起用户的共鸣，那么用户就会记住这句话，并将图片保存下来，当他想把这句话分享给其他人的时候，可能会把这张图片分享出去；其二，某些媒体平台当中不允许出现含有外链的内容，在这种情况下，图片上的二维码能够很好地帮助我们吸引用户。

笔者还要强调一个问题：很多人在创作内容的时候，喜欢用一个非常夸张、引人注目的标题吸引用户，但当用户点进来之后，发现标题与内容严重不符，这就是我们所说的"标题党"。不要成为一个"标题党"，但不代表内容不需要一个好的标题，标题也是内容的一部分，并且是很关键的一部分。

用户是否会点进一篇文章，标题起决定性作用，一个好的标题，能够马上吸引用户点击，但标题一定要与内容相符，这样才能起到良好的营销效果。

（3）传播分发

当成功创作了内容之后，接下来要做的就是将内容传播给用户。就目前的情况来看，主要的传播手段有三种：主动推送、第三方平台发布、官网展示。

详细来说，传播渠道主要可以分为四种：付费媒体、自有媒体、共享媒体和赚得媒体。究竟使用什么传播手段以及传播渠道，主要是根据企业自身的实际情况来进行确定，一定要结合手头上拥有的资源来挑选最高效的渠道组合。

（4）效果优化

很多人或许会觉得，内容传播给用户之后，营销就结束了，但真的是这样吗？答案是否定的。内容传播完成之后，还需要一个效果优化的阶段。简单来说，就是通过一定的方式监测内容营销的效果，然后再进行优化改进。在这一阶段，要做的事情主要有三件，如图5-6所示。

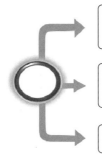

- 判断内容的有效性：内容的题材、形式是否能吸引到用户

- 判断渠道的有效性：投放渠道所取得的效果是否达到预期，投放渠道是否合适等

- 分析ROI：主要是看投入产出比

图5-6　效果优化阶段要完成的事项

想要做好这三件事情，就必须要学会一些基础的技术，比如说学会使用CRM工具，能够给所有的内容、所有的渠道加上跟踪代码（tracking code）等。除此之外，还要经常进行A/B测试，要测试相同的内容在不同渠道发放的效果如何，用不同的创作方式进行创作、创作不同类型的内容、用不同的呈现方式、不同的CTA设置方式等可能产生哪些变化。在经过大量的试验之后，相信大家肯定能找出一个最合适、最高效的组合。

对于营销人来说，ROI是一个非常重要的指标，是所有营销人都必须要重视的指标。一般来讲，所使用的可衡量指标主要有两个——"虚荣指标"和"获利指标"。

这里所说的"虚荣指标"主要是指阅读、收藏、评论、转发、点击量、在看、UV（独立访客）、PV（页面浏览量）、粉丝数等；而"获利指标"主要是指下载量、注册人数、购买人数、试用人数等。在衡量营销效果的时候，最好是将这两个指标结合起来进行判断，既要重视过程，也要重视结果。

5.3　技术体系：做好私域流量运营所需的数字化工具

这里总结了如图5-7所示的三种数字化系统，这是企业完成私域流量运营所需的数字化工具，希望对运营者有所帮助。

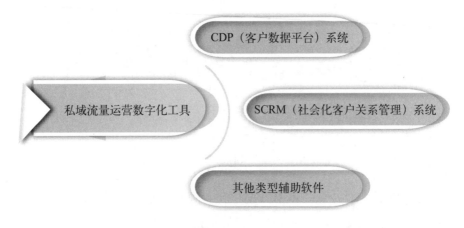

图5-7　企业完成私域流量运营所需的数字化工具

（1）CDP系统

CDP（客户数据平台）系统主要整合私域流量企业在营销、销售、客服等渠道的数据，为私域流量企业的运营者、营销人员和管理者提供客户建模，并且将体验优化的数据结构制成参考视图。CDP系统主要用户数据是私域运营者经常使用的数字化工具。

CDP系统的主要特点是直接进行数据采集，即以私域企业的视角，用第一方数据采集方式，直接采集私域企业的终端设备、网络或场景的数据。CDP客户数据平台监控私域企业客户的实时行为数据，其中包括私域用户浏览、点击、停留等方面的全方位实时行为数据。

CDP系统可以帮助私域企业构建更开放的场景，帮助私域企业制定营销战略。这些客户数据不仅可以应用于私域企业的广告制作，也可以应用于私域企业的产品营销和客户服务场景，如小程序或网站界面等。CDP的逻辑编辑结构，来自私域企业客户的数据收集，并将这些数据利用平台系统和私域企业对接，完成进一步的数据处理和分析，并且利用大数据进行总结，最终指导私域企业的实践应用。

（2）SCRM系统

SCRM（社会化客户关系管理）系统也是私域流量企业会用到的数字化工具之一，它不仅具有CDP系统的功能，还可以收集和处理企业私域社交媒体与客户交互产生的数据。SCRM系统总结出的私域流量的两个核心主题是人和社交，其中涉及信息、价值和网络多个方面。私域流量企业利用此系统，可以对企业自身客户和社交话题的信息数据进行建模，并对收集到的数据的价值进行评估，对客户的社交网络体系进行再利用。

它可以处理私域企业实体间双向信息维度的识别、收集、交互，并且快速建立可供使用的数据模型，连接和映射私域企业中使用的其他业务系统，从分组开始，将用户分类或按照标签进行评估，并分析其中的交互率、响应率、活动度、影响和行为权重，总结私域企业数据模型的节点强度。此外，SCRM系统提供的数据建模可以从正、负两个方向对私域企业动态进行关注和遵循，如分布、人数、话题数和节点强度等。

SCRM系统框架被私域企业所喜爱的一个原因是可以同时管理多个账户，这是所有SCRM系统与其他客户数据系统不同的地方，也是SCRM系统必须具备的基本功能。简单来说就是，它允许私域企业同时使用如新浪微博、微信等多个社交网络账号，并可以借助系统对这些私域账号进行统一管理。

SCRM系统可以对私域账号进行分享管理，并且有多种信息发布模式可供私域企业运营者选择，其中包括单信息的多账号同时发布、单信息单账号重点发布，并且有选择模板，运营者还可以选择不同社群的不同发布样式，可以通过模板发布，也可以选择社群和社交联系人发布。

该系统还可以针对私域企业进行活动管理，当私域企业进行促销、优惠等活动时，通过该系统可以同时实施多个活动。用户的行为模式通过带参数的二维码在私域企业数据库中进行分享和记录，使最终结果可以被私域企业的后台系统独立识别，以便活动后私域企业开展数据整理和营销评估。

该系统可以对私域企业客户的行为模式进行监听管理。私域企业通过账号、关键字在系统中进行实时搜索和监听管理，并有针对性地对私域企业平台或社交账号各项功能的信息追踪管理，帮助私域企业进行数据监听，并在后续报告中合理分配联系人，提供有效的市场线索信息，并有针对性地提交案例。

私域企业还可以通过这个系统进行私域品牌管理，通过数据分析实现对客户市场基于关键词的品牌调查，观察系统汇总的客户现状评论和满意度。通过系统的客户市场分析和行为调查还可以了解品牌竞争对手动态，有针对性地进行预先改进。该系统可以帮助私域企业减少客户投诉事件，在服务出现问题时创建案例，并且及时分配相关工作人员进行应对处理，于规定时间内在私域企业系统中留下相关事件的详细信息及处理结果反馈信息。私域企业还可以通过该系统对企业进行联系人管理、案例管理、知识库管理等，不仅可以实现客户数据的搜集和管理，还可以将其投入实际运营实践中去。

（3）其他类型辅助软件

上述两种数字化软件工具都是客户管理类的软件工具，在实际私域流量建设的运用中还有其他的领域也需要数字化工具的帮助。不仅是用户管理，还有产品管理、营销管理、社群管理、小程序管理等不同领域和类型的数字化软件工具，它们都对企业的私域流量建设做出了巨大的贡献。

常见的营销管理软件有海豹裂变，它是帮助私域企业进行简单裂变营销设计的软件。借助它可以将私域企业搜集和积累的数据围绕裂变营销策略进行分析整理。常见的社群管理软件有互动星球，它能帮助私域企业进行社群和社交软件数据管理、信息发布整理等。

以上介绍的是企业进行私域流量建设的三种数字化软件工具。只有借助良好的技术，企业的私域流量建设才能不走弯路，精准而可控。新时代的数字化企业应当与时俱进，未来只有掌握好科技才能抓住主动权，才能真正站在行业前端。只要合理正确地运用好数字化工具，企业的数字化转型就不是妄想，发展私域流量的未来一片光明。

5.4 裂变体系："有利可图"，用户才会主动帮你裂变

提到"裂变"这个词，相信绝大多数人都会感到十分熟悉。在营销领域，"社群"和"裂变"是近些年人气较高的两个词。因为裂变仍然还是获取流量最重要的方式之一，且它的成本仍相对较低。

在数据化时代，每个人都有各种ID，比如身份证号码、社交平台账号等，ID中包含着丰富的个人信息，在营销中要善于对这些信息进行利用，发挥其最大化的价值。总而言之，进行裂变营销的关键主要有两点，如图5-8所示。

社交关系链

强调分享

图5-8 进行裂变营销的关键

第一，社交关系链。

在当今时代，社交媒体是一个非常重要的平台，我们的生活已经离不开社交了。而微信又是其中的代表，在微信平台上有着各种各样的裂变模式以

及玩法，而这些玩法都有一个共同点，那就是它们都是以社交关系链为基础的。从某种意义上来说，裂变并不仅仅只是一个单纯的营销手段，它甚至能够成为一种商业模式，比如趣头条、拼多多，以及其他的社群电商等。

第二，强调分享。

分享出去就有获客的机会。每一个裂变的玩法或模式都是以社交关系链为基础设计出来的。

第一种，复利式。所谓的复利，简单来说就是互惠互利，每一个人都能从中得到好处。使用这种模式进行裂变的企业有很多，其中最具有代表性的是美团、滴滴，以及饿了么等，近两年很火的瑞幸咖啡也是使用的这一模式。

瑞幸咖啡所使用的裂变营销手段主要是游戏裂变。简单来说，瑞幸咖啡设计了许多的小游戏，用户只需要玩这些小游戏，就能够得到一张咖啡券，非常简单，而也正是因为简单，用户会将游戏分享给自己的亲朋好友，从而为瑞幸咖啡带来了极高的分享量。

在所有复利式裂变当中，游戏裂变的效率是最好的，分享率能够达到50%左右。对于用户来说，游戏是一个很不错的放松方式，而且在玩游戏的过程当中，还能够得到福利，何乐而不为呢？

第二种，众筹式。简单来说，就是用户接受一个任务，然后邀请其他人帮助其一起完成；众人通过合作的方式共同完成任务后，邀请者能够得到一定的奖励，被邀请者同样能够得到一定的奖励；但有些时候，被邀请者没有任何的奖励。

在所有众筹式裂变当中，拼团是最具有代表性的方式。拼团成功后，团内的所有人都能够得到奖励，这能为企业吸引到更多的用户，并使得销量得到提升。

第三种，共享式。简单来说，就是将用户的权益分享给其他人。比如说用户在某平台上得到了一张优惠券，他可以把这张优惠券分享给朋友，自己享受优惠的同时，朋友也能享受。微信红包也是一个非常典型的例子：用户把钱发给其他人，其他人想要领取，就必须要开通微信钱包，这就是吸引用户的一种方式。

神州专车的亲情账户所使用的也是这一种裂变方式。有大量的用户，其账户当中的余额非常多，但自己又用不完，于是邀请家人或朋友绑定自己的账户。家人或朋友在打车时，可以用自己的余额进行支付，神州专车因此吸引了大量的新用户。

接下来，再来详细讲述一下进行裂变营销的具体方法，主要包括以下六种。

（1）先明确为什么要进行裂变营销，即裂变营销的目的

对于绝大多数企业来说，进行裂变营销的最终目的，是达成某个业务指标，比如用户下单率、新增用户量、品牌曝光度等。无论是做什么事情，有一个明确的目的是十分重要的，所以，在进行裂变营销之前，一定要想清楚进行裂变营销是为了达成什么业务指标。

举个例子：上级给的任务是在一个月的时间里，吸引到1万名新用户，这就是我们的目标，之后无论是做什么活动都必须要以这个目标为核心。

（2）项目目标拆解

有了目标之后，一定不要直接根据这个目标去设计活动的内容。确定了目标之后，应该要做的是对目标进行拆解，分成一个个小目标。在这里，向大家分享一种对目标进行拆解的方式——树权法。

树权法的优势在于能够对目标进行一层层的拆解，将一个大目标分成许多个详细的小目标，从而能够明确地知道，为了完成总目标，我们需要先做什么，再做什么；当所有的小目标都完成之后，总目标自然也就完成了。

而之所以要拆解数据，是为了使心中有一个清晰的目标：知道要设计的活动应该取得什么效果，活动能往什么方向推广或拓展，存在着什么样的缺口，应该通过什么样的方式去解决。

很多人看到这里，觉得自己已经懂得了应该通过什么样的方式去完成指标，然后马上就开始进行活动策划。然而实际上，这还远远不够，还有一个很关键的事情要做，即分析用户心流能否做好，其直接决定裂变活动能否取得成功。

用户心流是一个非常关键的因素，用户是否愿意主动地参与活动，取决于用户心流；用户是否愿意主动将活动分享给自己的亲朋好友，同样取决于

用户心流。活动是否能取得成功，很大程度上取决于用户心流如何。因此在进行营销活动之前，一定要分析用户心流。

（3）用户心流分析

有很多人都认为，如果自己能确定一个非常优秀的活动主题，那么活动绝对能取得不错的效果。就算在活动举办之后，用户根本不愿意主动参与到活动当中，或是不愿意将活动分享给自己的亲朋好友，他们也会觉得并不是活动做得不好，而是因为推广渠道太少，活动没有办法覆盖到更多的人群，最终才导致活动失败。

上述的原因的确可能是导致活动失败的一部分，但是，在大多数情况下，真正导致活动举办不成功的是在制订活动细节和活动执行层面的过程当中，没有将用户心流特征纳入到考虑的范围内。充分考虑用户心流，简单来说，就是把自己当成一名用户去想这几个问题。

问题一：如果企业的裂变活动需要我助力，需要我分享给其他人，那我在分享之后，能够得到什么？

绝大多数的用户之所以会参加一个活动，是因为主要目的只有一个——获取利益。这个利益是否能吸引用户，决定了用户是否会主动参与裂变活动。

这里所说的利益可以是现金红包，可以是实物奖品，也可以是大额优惠券，而且用户在助力之后一定能得到该奖品。

除此之外，如果用户在分享之后能得到干货，例如案例分析、行业资料、内测邀请码等对用户有价值的东西，那么用户也会积极分享。

问题二：我为什么不想参加这个活动？

用户无论做什么事情都是有原因的，如果用户不想参加我们的活动，那么我们就需要思考究竟是什么原因导致这种情况发生的，是不是因为他有某些顾虑？其原因可以从三个方面来思考，如图5-9所示。

面子原因：部分用户是非常看重面子的。他们认为转发抽奖是一件非常没面子的事情，而且转发抽奖得到的礼品价值还不大，更加无法吸引他们。而且就算是礼品的价值巨大，他们也不希望因为自己在朋友圈当中发布了分享领好礼的活动，而被别人打上爱占便宜的标签。

图5-9　用户不想参加活动的三个原因

心理原因：绝大多数的用户都参与过各种各样的裂变活动，如果其中的一次活动给用户带来了非常不好的体验，那么他们很有可能不会再参与任何的裂变活动。又或者是用户参与了许多的裂变活动，但没有一次拿到过福利，总觉得自己是在免费帮企业推广，认为自己非常亏，所以不会再去帮别人免费打工。

私心问题：部分用户会认为奖品一共就这么多，如果邀请了更多的人加入，那么反而会降低自己的中奖概率，所以就不愿意分享给其他人。

问题三：通过什么样的方式才能解决用户心流的问题？

其实也很简单，我们只需要在设计活动的过程当中，从用户的角度去看待一件事情，并有同理心。那应该通过什么样的方式去触达用户内心呢？具体解决方案包括以下三点，如图5-10所示。

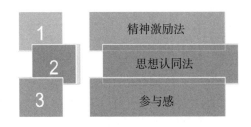

图5-10　触达用户同理心的方法

精神激励法：这种方法网易使用得非常熟练，可以学习他们的做法。所谓的精神激励是指活动的主题或者活动的内容能够直接引起用户的情感共鸣，比如"人这一辈子，一定要做的100件事"。这个活动在一段时间里人气非常高，我们也可以模仿该活动，做一个类似于"疫情得到控制之后，你最想做的100件事"的活动。像这种类型的活动既符合当下实际，又能够直击用户的内心，引起他们的情感共鸣。

思想认同法：充分利用用户的爱国情怀等，激发用户的同理心。"为阿中哥打call"等活动就是使用的思想认同法。

参与感：参与感是十分关键的，用户有参与感，才会积极地转发分享活动。

（4）分析裂变活动可能会出现的问题

在活动正式上线之前，一定要事先分析好活动开展过程中每一个有可能发生的状况，并制订好相应的应对措施，从而减少出现问题的概率。举几个例子。

如果不扩展渠道，仍然将活动在已有的渠道内进行分享，是否能够实现最终的目的？

在活动开展的过程当中是否会出现大量的爱占便宜的人，将我们为用户准备的福利掳走，给用户带来不好的体验？

还有一个更重要的是扩张速度控制。如果我们的营销取得了非常不错的效果，远远超出了预期，是否能够保证已有的运营能力满足需求？

（5）通过什么方式才能设计出一个优秀的裂变活动

① 确定裂变活动的模式。

裂变活动的玩法最好不要太复杂，一定要足够简单并且经典。什么样的玩法才能被称为经典呢？其实判断的方式很容易，只要是绝大多数人都接触过并有能力参与进来的玩法，就是经典玩法。用户在参与我们的活动后，不需要去看规则，就知道应该通过什么样的方式去玩。这样简单的活动更能吸引用户参与。除此之外还有哪些模式是经典玩法呢？夹娃娃、砍价、堆积木、套圈、点赞助力等都是。

② 确定裂变助力的方式。

主要可以分为两种：一种是有上限的助力方式，另一种是没有上限的助力方式。组队瓜分之类的模式属于前者，如邀请多少名好友，即可完成任务。砍价之类的模式属于后者，如不限人数，帮助砍价的人越多，用户拿到福利的概率就越高。

③ 确定活动裂变玩法。

确定了活动模式以及裂变方式之后，我们就可以开始确定玩法了。在设计活动方案的过程当中，我们一定要从用户心流、活动目标、活动开展过程当中有可能会发生的事情等几个不同的维度去进行考虑。设计出活动方案之后，还需要进行评估、优化，最后才能实施。

（6）活动效果预估

无论是什么活动，在开展之前，都必须要事先预估好活动的效果。而对活动效果的预估，其实就是事先确定好流量如何，避免出现服务器承载不了的情况。当预估好流量之后，我们就能知道活动在开展以后，大概会取得一个什么样的效果。除此之外，在预估活动效果的过程当中，还应该要评估活动方案的可行性如何，有没有深入开发的可能性，这次活动能够为企业带来什么效果等。

在这里，和大家分享一个表格（表5-1），大家在预估活动效果的时候，可以根据这个表格来进行分析，然后把所有的数据填入表格当中，最后计算出所有层级的转化率。

表5-1　活动效果预估表

数据考核项	PV	UV	转化率	备注
活动页面数据				
活动参与数				
转发数（推荐数）				
活动总成本				
人均活动成本				

最后，需要强调的是一定不要只看数据，从某种程度上来看，数据本身是没有任何价值的，只有转化率才具备价值。原因在于有部分运营在预估了活动效果之后，发现活动数据非常高，从而错误地认为只要活动一开展，必然会取得良好的效果。然而这里的数据或许只是一个估计的数据，并不能带来任何的实际价值。因此，我们必须要在活动开展的过程当中，时刻关注涨幅以及转化率。

5.5 组织体系：私域流量运营需要创新组织架构

一个企业可以取得巨大的成功，主要原因有三个：拥有清晰明确的战略方向；整个组织充满活力，具备强大的创新性；人员与岗位匹配程度高。如果公司遇到了瓶颈，或是存在着某些问题，那么绝对与这三个方面有关。接下来就来和大家聊一聊在私域流量实战的过程当中，组织层面会出现什么样的改变。首先来具体说说笔者的三个体会。

第一个体会：组织结构决定组织的生产力水平。

如果企业能够拥有一个清晰明确的组织架构，那么这个企业的生产力水平绝对不会低。在去中心化组织架构调整的过程当中，许多组织所使用的是项目制的方式，简单来说，就是在某个项目当中，所有人都可以成为领导，其他人员都必须配合他的行动。比如，小 A 所在的企业，开展了大量的项目，比如常见的网络媒体内容输出项目。除此之外，小 A 所在的企业正在做着出租公寓的行业自媒体，这个自媒体的后面又有着非常多的社群，凭借着这些社群，把很多出租公寓行业的从业者聚集到一起。有了这么多的流量资源，无论是做包租的还是做出租的，都想和小 A 的企业建立起合作关系，想让小 A 帮助他们进行推广。与此同时，小 A 的企业还在做着公开课，录制各种相关的课程，并将这些课程放到网络当中进行售卖，还有各种线下沙龙活动等。而小 A 的企业做的每一件事情，都是采用项目制的模式，然后再将这些项目分给其他员工，一个人专门负责一个项目，所有与项目有关的事情都由负责人完成，其他人只需要配合即可。

在组织架构层面以及文化层面，通过进行大量的探索，最终得出增长的重要因素，就是组织结构、文化以及方法论。需要注意的是，其中最重要的是文化。企业的最高领导一定要懂得收起自己的控制欲。有些领导过于自信，总是觉得自己做的每一个决策都是正确的，或是觉得自己无论是做什么事情，都比普通员工做得好。然而事实并非如此。大多数情况下，领导最大的优势在于能在第一时间获取更多更准确的情报。因为绝大多数的行业信息都会传递到领导的手上，当其手头上掌握的信息多了，就会盲目觉得自己非常聪明，也会觉得自己做出了大量正确的决定。

如果普通员工花费了大量的时间和精力去做了一个方案，将这个方案递交给领导审核的时候，其只看了两眼就否定了。但事实上，虽然是领导，有着许多事情要做，比如和股东们进行交流、和投资人交流、参加行业内的各种活动，但是根本没有时间和精力去分析员工做的方案好不好。

所以，作为领导一定要认识到，年轻人进入企业当中，是为了进来做事情的，要给他们更多的机会施展才华。因此，需要跟进调整好企业的架构以及企业文化建设，将更多的精力放在通过什么样的方式激发员工的积极性上面。企业如果想成为某个领域内的巨头，那么就一定要调整好组织架构，因为企业的组织架构决定企业的生产力。

近年来，在企业的管理机制方面，发生了一些变化：由传统的由上至下的行政式管理方式转变为由管理到赋能的服务型管理方式。

对于企业而言，搭建组织文化是一件非常重要的事情，它的优先级远远高于绩效考核。特别是在当前一些新兴互联网企业中，企业的经营情况和员工工作发展变化速度很快，因此，如果只是不断地去更新绩效考核的标准，那么就会一直无法准确地测出员工的绩效，与其将精力投入这些没有意义的地方，还不如转移目光，重点做好组织架构以及组织文化。

第二个体会：私域流量的本质，导致私域流量必须是一个一把手工程。

对于企业来说，私域流量最大的作用在于满足企业触达用户的需求。如果从事市场或营销等工作，那么就会发现一个问题：虽然我们通过不断地优化、不断地改进，使得我们的产品无论是价格还是品质，都已经做到了非常不错的程度，但用户就是不知道我们的产品，产品卖得不尽如人意，那么，我们应该通过什么样的方式去让用户知道我们的产品呢？解决这一问题的过程，其实就是在不断地解决触达的问题，这就要求企业领导全面聚焦在打造私域流量上，从而才能真正触达用户需求。

私域流量能够极大地帮助企业触达用户，且触达效果是其他方式很难相提并论的。从前，我们如果想要把产品的信息传递给用户，让用户知道有这么一个产品，那么通常会采取应用程序推送、社交媒体打广告等方式。而如果我们想要影响到用户的决策者，那么传统的触达方式是非常复杂的。举个例子：我们必须要先通过区域总经理去触达区域总监，再由区域总监去触达城市的负责人，再由城市的负责人去触达城市的经理，然后再往下依次传递到城市主管、城市的业务员等。一层一层传递所需要的时间非常长，效果还不好。

像这样的触达方式，通常是一个U形的，在传递的过程当中，损耗率极高，损耗甚至能够达到95%以上。但现在不一样了，完全能借助微信的力量去触达用户，直接点对点沟通，触达方式是一条直线，效果非常好，损耗率大幅度减少。

先前，笔者的企业与其他企业连接是十分弱的，这个连接就像是一根绳子，绳子的一头是笔者企业的业务员，另一头是对方的业务员，如果这根绳子断了，那么双方之间就失去了连接，而且想要修补这条绳子，难度极高。这就导致其他的业务员如果想要接手相关的业务，就必须要与前一个业务员进行沟通，完成交接之后，还需要再重新与客户建立起连接。

但如果可以利用微信与用户建立连接，那么就能建立起非常强的连接。更为重要的是，添加了用户的微信之后，可以随时随地与用户进行沟通，能够在第一时间收到用户的反馈。如果产品出现了问题，给用户带来了不好的体验，也能在最短的时间内通过微信解决，效果十分不错，反应的速度大幅度提升。而如果我们能在第一时间收到用户的反馈，那么就能在第一时间对产品进行优化，极大地提升产品更新换代的速度，帮助我们把产品做得更好。

需要注意的是，运营私域流量是一件非常复杂的事情，如果在运营私域流量的过程当中，仅仅是聘请一个专家、一个副总裁、一个总监到我们的企业当中帮我们完成这些事情，那么我们可能无法取得成功。很多总监虽然每

私域流量运营实战：

用户沉淀＋商业变现＋风险规避

天都能收到大量的客户反馈，但在企业内部却推不动，原因有很多，或许是领导不感兴趣，不想去做，也有可能是领导和总监的关注点不同，领导根本就不重视这件事情。因此，总监一定要懂得如何对领导进行管理，也就是我们所说的向上管理。

第三个体会：内容矩阵是非常重要的。

无论是对于个人来说，还是对于企业来说，内容矩阵都是非常重要的。举个例子：小A在前不久的时候创办了一个公众号，在3个月的时间里，小A通过这个公众号一共发表了20多篇文章。在这段时间里，小A觉得和这个世界终于建立起了连接，虽然公众号粉丝数量并不多，但阅读量却是非常高的，这就导致了其他人总是觉得小A公众号的粉丝数量至少达到了10万，然而实际却只有几千人。

在做公众号的过程当中，小A有什么收获呢？最大的收获是转化率达到了20%，也就是说，小A的粉丝当中有20%的人会添加他的个人微信号，这些人来自各行各业，在与他们进行交流的过程当中，小A收获到了非常多的知识，了解到了非常多的信息，以前小A从来没有得到过这样的体验。

微信从诞生至今也就十多年时间。在这十多年的时间里，在我国的社交领域，微信稳居首位。而在微信诞生之前，我们能够触达的人数量有限，但在微信诞生之后，一切都变得不一样了。这个限制被打破，一个人可以触达的人数甚至能达到几万、几十万，甚至几百万。

微信诞生之后，如果仔细观察过，可以发现很多人和企业都借助这一机遇快速发展。其中最具有代表性的就是拼多多，该企业抓住了微信带来的商机，在最短时间内挖掘出的整个微信生态内的流量，最终达成了流量爆发，为企业带来了巨大的利润。

微信是一个巨大的流量池，我们是否能从中获利，取决于是否能充分运用这些流量，对于私域流量是否有非常深刻的理解以及认识，是否能看到机会并抓住机会。在如今的时代，手机成了人们基本的社交工具，用户每天都在使用手机，每天都在使用微信与其他人沟通，所以利用微信触达用户，效果是最好的，一定要学会利用微信构造自己的内容矩阵。

接下来聊聊私域流量组织架构发展的两个趋势，如图5-11所示。

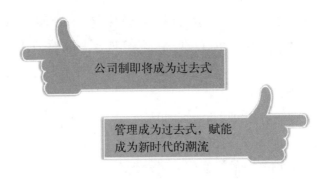

图5-11　私域流量组织架构发展的两个趋势

第一个趋势：公司制即将成为过去式。

中欧国际工商学院创业管理实践教授龚焱认为，在不久后的将来，公司制将会被时代所淘汰，成为过去式。

那么我们应该如何理解他的观点呢？用户帮助企业进行裂变，用户能够得到什么呢？或许是积分，或许是小礼品。比如说坐飞机，飞的距离越远，得到的积分就越多。但这些积分能带来什么？一个保温杯，还是一张优惠券？从这个角度来看，用户的利益、股东的利益、员工的利益，三者或许会逐渐朝着一体化的方向发展。

如果未来真的实现了一体化，那么我们应该通过什么样的方式去解决股东、员工、用户三者之间的利益关系呢？经过了大量的分析之后，笔者认为，如果仍然使用公司制，那么这一问题几乎没有解决的可能。举个例子：公司已经把股份按一定的比例分给了股东、员工以及用户，但如果在这个时候有更为优秀的人加入到公司当中，应该怎么办呢？

第二个趋势：管理成为过去式，赋能成为新时代的潮流。

在私域流量的经营过程中，往往需要尝试和摸索才能确定适合本企业的经营方法，而这一过程中也充满了风险，失败所带来的挫败感有时不可避免。在这个时候负责人应该要思考通过什么样的方式才能够让员工消除这些挫败感。

有效的手段就是充分调动员工的积极性以及兴趣，并将权力下放给员工，让他们独立完成任务，员工想做什么都提供支持。通过这样的方式，就可以建立起一个完善的组织架构以及组织文化。除此之外，还可以利用各种

私域流量运营实战：
用户沉淀＋商业变现＋风险规避

各样的方式去驱动员工与员工之间进行交流，促使他们更好地完成任务。

如果企业当中的最高领导人在工作的过程中发现A部门的领导和B部门的领导完全不进行任何的交流，那么针对这种情况，可以在企业内部摆放更多的沙发或是通过其他的方式让员工可以聚集在一起聊天，比如提供免费的水果，但只能在规定的区域内食用，增加员工与员工之间交流的机会。而如果人和人之间熟悉了之后，做事情的效率就会事半功倍。

《小王子》里有一句经典名句：如果你要造船，不要雇人来搬木头，不要指派任务和工作，而要教他们渴望那无边无际的大海。这句话的意思其实很简单，企业的领导如果想要下属去做一件事情，那么最好的方式是激发他们的兴趣，而不是直接将任务指派给他。

5.6 【案例】某读书品牌的私域流量裂变

在企业和品牌都如火如荼开展私域流量的时候，有一定知名度的企业在私域流量建设上的做法和尝试会非常引人注意。人们会关注他们的私域流量建设方式，并试图将其运用到自己的实践中去。尤其是相同行业之间，为了互相竞争，花样层出不穷。我们现在就来说一下某读书品牌的私域流量裂变。

该品牌是2013年发起的知识付费的学习型组织，这在当时是极具前瞻性和挑战性的。2013年还是全民沉溺免费经济的时候，即便是现在，知识付费也还处在没有被完全接受的阶段，但是该品牌借助几个平台的联合和名人效应，硬是在众多的学习型组织中站住了脚，并且以极强的势头迅速发展壮大走到行业头部。

该品牌更是在近几年飞速发展了自己的私域流量，成为行业中名副其实的佼佼者。一直以来，该品牌的成功并不让人意外，它有平台渠道，有名人背书，有内容积累，也有营销造势。在宣传方面，该品牌一直坚持着"阅读改变生活"的理念，以线上线下相结合的方式促进用户和品牌、用户与用户之间的互动。

该品牌发展私域流量裂变的方式十分简单，就是专注于社群建设和用户管理，提供良好的内容产品，并且做好基础营销。他们的私域流量裂变是由用户自发完成的。该品牌抓住用户在新时代渴望实现自我价值，渴望实现价值提升的痛点，以"全民阅读"作为营销口号，在开展知识付费、内容分享、好书推荐等线上活动的同时，还举办线下的读书分享会、讲座等，充分利用用户的学习热情，激发用户的积极性，促进用户互动。

该品牌在私域裂变之前的用户基本都是种子用户，这都要归功于它的用户增值服务和知识付费理念。从一开始，加入他们的成员就是赞同知识付费并且有一定的消费欲望和购买力的人。因此，该品牌不需要特意对自己的用户进行提纯，只需要在增值服务上下功夫，运营好自己的社群就可以，这在工作量和用户成本上与其他的学习型产品直接拉开差距。

可以弥补现代社会用户没时间阅读的遗憾是它的另一个营销点。在繁忙的工作中没有时间完整系统地学习是很多人的遗憾。该品牌主打碎片化阅读，将书籍碎化整理，提取重点，进行真人介绍朗读，展示在用户面前，让用户节省很多阅读时间。即便是在休息间隙，用户也可以进行学习，这满足了大部分人的学习需求。没有人能拒绝学习的诱惑，尤其是在有名人经验分享、实用课程的情况下。

该品牌虽然发展知识付费，但是和一般的软件商店增值服务不同，其有更加吸引人的地方，可以吸引粉丝自愿付费。该品牌的收入模式也不单单是新书的订阅费，之前讲解过的旧书可以继续卖出，并且可以不断发展新的业务。比如少儿领域、关于企业营销的企业版块、线下售书等，这些都是该品牌的业务领域，也是收入来源。在这样的情况下，该品牌的用户辐射范围相当广泛，在口碑营销的支持下，该品牌进行裂变的概率也比单一产业大得多。

该品牌坚持做教育产业，他们认为他们的碎片化阅读是为了迎合消费者，为了帮助想要学习的用户对抗懒惰，其本质是帮助学习者舒服学习。一本书的学习只需要50分钟，这是多少没有时间学习的人梦寐以求的事情，这也是该品牌可以成功实现裂变的根本原因。该品牌的发展本质是口碑商业，是裂变变现。其主要收入是固定会员费，应用程序创新的主要机制是邀请新会员、发展新会员。整个闭环为登录—邀请朋友—新人入会。会员的积分可以抵现，积分可以通过登录和邀请朋友获得。该品牌的积分可以用来兑换该品牌应用程序的年度会员卡，也可以在积分商城兑换文创产品和图书。

该品牌抓住了现在及未来社会的总体趋势，他们清楚地了解，在未来，个人IP远比集体IP的塑造和设置容易得多。因此，该品牌没有大规模地孵化新IP，没有形成集体IP，在用户之间也更具有辨识度。明明市场上同类型品牌产品很多，如中信、三联，甚至他们的产业规模还要更大，但该品牌和其他的学习型产品不同，其是在洞察人心和市场需求的基础上诞生的有超前性的品牌，它的价值早已经深入人心，成为不可超越的代表。正因如此，该品牌无论是在知识付费，还是在私域流量上都是成功的。

该品牌发展迅速的基础之一在于对个人IP的打造和利用，此后在宣传的过程中又不断地把品牌的内涵向用户渗透。对该品牌来说，个人知识产权是一种无形资产。该品牌可以很容易地使品牌与周围的人联系起来，建立用户信任。这就很容易为品牌本身带来溢价，产生增值。该品牌在私域流量的成功，其现实意义体现在这个品牌及它的知识内容产品在用户心中具有很强的专业性、影响力和专家性。用户自主裂变营销的原因是信任，体现的是这些内容产品，以及依靠时间积累"自有流量"的专家。

该品牌的初衷是全民阅读，是让越来越多的人加入阅读，培养良好的学习习惯和阅读习惯。我们从中可以发现，正向积极的品牌内涵和导向是私域品牌可以成功的一个关键因素。很多品牌企业重视了服务、产品，甚至重视了数据分析和处理，但是没有一个足够吸引人的品牌文化和内涵，终究还是没有足够用户留存，无法实现私域流量的用户沉淀。品牌企业可以尝试建立一个有温度、正面的品牌形象，给用户传递一个有意义的品牌内涵，这更有助于用户认可，有助于私域流量的裂变。

第**6**章

渠道探索：
不同渠道运营私域
流量的差异

商家能够通过各种各样的平台来建立属于自己的私域流量，其中，微信是最受欢迎的。除了微信以外，还有一些其他的渠道可以利用。接下来介绍一些能承载私域流量的渠道，以供大家参考。

6.1 私域电商：兴起与当前发展状况

用户的信任可以说是私域电商的核心所在。如果用户能充分信任商家，并且商家还能将其变现，那么商家就可以很好地建立起属于自己的私域电商。

许多商家都认为，在最近几年里，生意越来越不好做了。电商平台当中的商户，特别是中小商户，很难吸引到新流量，各个商户之间为了流量，可谓是争得"头破血流"。在这个时候，私域电商应运而生。

部分自创品牌商户开始认识到对外扩张流量是十分困难的。他们开始探索私域流量的时候，企图找出一个新的吸引流量的方式。最常见的方式就是在用户购买的产品包裹当中放入一些小卡片，上面附有商家的私人号或是微信公众号，将平台的流量吸引到自己的社交平台当中。以往，商家往往只关注购买人数，也就是所谓的转化率；而后来，商家的运营思维发生了转变，开始关注客单价，千方百计想要使客单价得到提升。

私域电商其实就是不再过度依赖电商平台，而是借助微信等社交软件，直接与客户进行联系，并促使商品交易完成的商户。

传统电商与私域电商之间的不同，可以通过表6-1来进行比较。

表6-1 传统电商与私域电商之间的区别

项目	私域电商	传统电商
交易环境	熟人或半熟人间的"热环境"	陌生人间的"冷环境"
营销模式	社会化营销（熟人经济、粉丝驱动）	流量营销（推广驱动）
渠道	微信、微博、微店、应用程序等	电商平台应用程序、网站等
影响购买因素	熟人推荐、产品口碑、粉丝效应	产品质量、价格高低、粉丝数量
消费决策	信任驱动决策	价格、品牌驱动决策
主销产品	美妆、保健品、母婴、保险、知识产品等	全品类

除此之外，私域电商还具备许多属性，如社交属性、服务属性、IP属性、圈层属性以及角色属性，具体如表6-2所示。其中最重要的两个属性分别是社交属性和IP属性。

表6-2　私域电商属性

属性	介绍	结果
社交属性	"热环境"是指由熟人或半熟人连接构建而成的环境，在微信等移动社交平台上表现得尤为明显，通过分享而进行传播，用户黏性比较强	高传播、高转化
IP属性	商家本身由于知识、技能、人格魅力等吸引了一批粉丝，并形成定位，而粉丝信任并认可私域电商，甚至会主动分享来帮助商家进行传播	加深信任感、精准运营
角色属性	商家既是对产品与服务进行消费的终端消费者，也是将产品与服务进行推广的经销商，甚至还有可能是传播者，同时兼顾多重身份	销售者、消费者、传播者多位一体
服务属性	在交易前为用户提供细致入微的咨询服务、经验分享服务等，交易后为用户提供完善的售后服务，进而形成用户的依赖性，提高购买率和复购率	提高购买率和复购率
圈层属性	指商家在进行项目营销时，将目标受众分为不同圈层，根据各自圈层特点进行互动形成信息传递，最后在同一圈层中形成口碑效应、进行精准化营销的经济效应。私域环境最容易形成圈层，圈层属性使得私域电商的交易额显得隐秘和不透明	通过代理模式，快速触达下沉市场

从商业模式的角度来说，私域电商与传统电商也有很大的差别，私域电商降低了筛选代理商/经销商的标准，从前只有企业才能成为代理商/经销商，但是现在个人也能成为代理商/经销商，并且还将代理商/经销商由先前的线下转移到了线上。

从销售模式上看，私域电商完成商品交易的过程是建立在双方相互信任的基础上的。其代理的方式发生了裂变。该销售模式主要具备三种优势，具体如图6-1所示。

私域流量运营实战：
用户沉淀+商业变现+风险规避

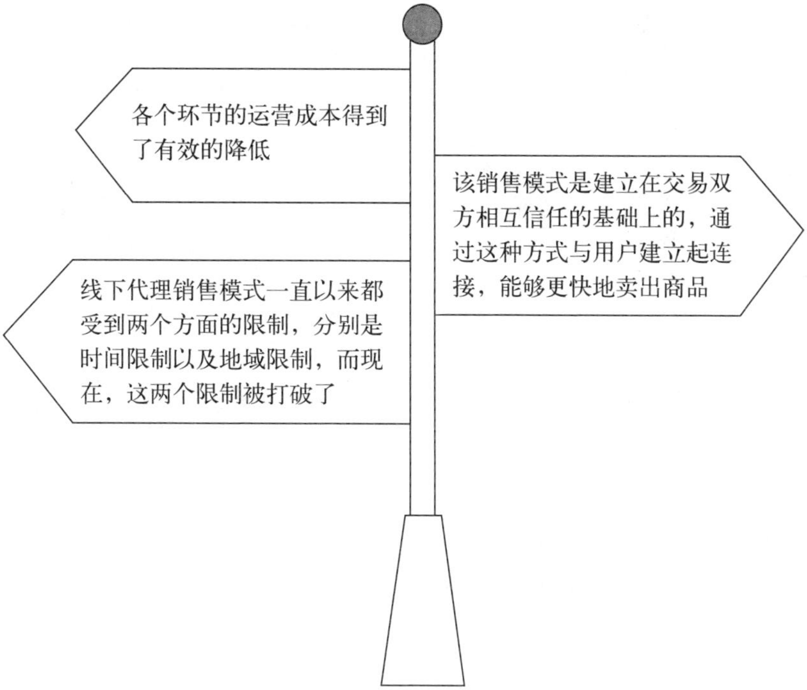

各个环节的运营成本得到了有效的降低

该销售模式是建立在交易双方相互信任的基础上的，通过这种方式与用户建立起连接，能够更快地卖出商品

线下代理销售模式一直以来都受到两个方面的限制，分别是时间限制以及地域限制，而现在，这两个限制被打破了

图6-1　私域电商销售模式所具备的三种优势

接下来，再来介绍私域电商经常使用的商业模式。首先将产品分为两种类型：一类是高复购产品，另一类则是非高复购产品。

如前面所述，在私域电商当中的产品应该要满足三个条件：复购率高、毛利率高、成本不透明。能够满足这三个条件的产品，通常都是私域电商的"香饽饽"，比如面膜。这三个条件当中，最重要的是成本不透明以及毛利率高，同时这两个条件也是必要条件。

根据高复购产品以及非高复购产品的特点，通常会使用分销商模式以及代理商模式这两种方式，私域电商如果能将这些方式运用到炉火纯青的地步，那么他们的产品质量绝对是非常好的。

在最开始的时候，高复购产品的销售主要是依靠各个层级的分销商，如面膜等产品。随着时代的快速发展，互联网、移动支付以及现代物流迅速崛起，该模式高效快捷的优势日益凸显。除此之外，分销商模式还具备以下特点，如图6-2所示。

图6-2　分销商模式特点

而对于乳胶枕头之类的非高复购的产品来说，代理商模式更加适合商家运营。具体来说，代理商模式具备以下特点，如图6-3所示。

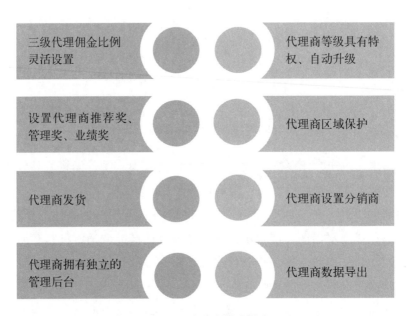

图6-3　代理商模式特点

总的来说，私域电商具备三个优势，具体如下所述。

第一，获客成本较低。私域电商是由社交来驱动的，借助社交的优势，私域电商的获客成本得到极大的降低。

第二，针对不同类别的用户，精准提高每一位用户的消费额以及年单量。

第三，得益于私域流量红利，商品交易额（GMV）增长率一路飙升。

在淘宝/天猫、京东、拼多多等电商巨头获客成本持续提升的背景下，获取私域流量在成本方面的优势更加凸显。

由此可见，基于社交、信任而发展起来的私域电商大有发展前景，接下来将会发展到什么样的规模，值得所有人期待。

6.2　社交平台：微信、QQ的私域流量价值缘何高于微博

私域流量概念持续走红，私域流量的价值也受到了越来越多运营者的关注，平台的私域流量价值成为运营者关注的重点。在社交平台中，不同的平台有不同的特征，因此在私域流量价值上也有所不同。本节将重点讲述微信、QQ、微博等社交平台流量价值的区别，帮助运营者了解不同社交平台流量价值的差异，选择最适合的运营平台。

微信的日活跃用户已超过了10亿，微信已不再仅仅是一款社交工具，而逐渐地演变为被赋予商业价值的综合工具。微信的私域流量主要通过以下几种方式进行运营，具体如图6-4所示。

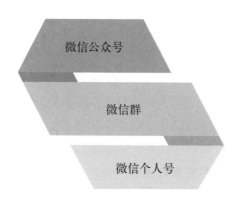

图6-4　微信私域流量运营的方式

一是微信公众号。通过微信公众号建立流量池，是私域流量运营过程中的常用方式。通过微信公众号，运营者能够持续地输出品牌的影响力。许多电商平台的主播会再使用微信公众号实现固粉，即提升粉丝的忠诚度。

主播在自己直播的平台上，可以收获大量的公域流量，而主播们自己开通的微信公众号则可以为他们带来十分稳定的私域流量。主播可以在自己的公众号上发布自己的直播信息、团队互动信息等，让用户在使用微信时也可以接收到主播的信息。这样用户的流量就能被圈养起来，最大限度地保障流量能够发挥价值。

二是微信群。通过微信群与用户进行互动，让用户能直接和商家交流，并且也能让用户和其他用户交流。通过微信群进行运营工作主要分为两类：一类是通过联结用户的爱好建立的兴趣群；另一类则是能产生流量价值的社群类微信群（商家可以通过这类微信群发布相关的商品信息，通过明确社群定位、明确社群管理规范等方式，让社群更好地产生商业价值）。

三是微信个人号。微信个人号主要是基于微信公众号和微信群，由此衍生出的专门为用户服务的微信号。用户的主要来源是关注公众号的用户，或是从电商平台吸引到的客户等。主要操作方式是站在用户的角度，发布关于产品和品牌的朋友圈，分析用户群体的需求，调整朋友圈的相应内容。此外，运营微信个人号还可以利用单人私聊的方式，向用户介绍商品的相关信息，这种方式的效果会比群发短信的效果更好，用户流量的价值也更大。

虽然相比微信来说，QQ的发展已经相对平缓，但是从私域流量运营的角度上来说，QQ仍然能让用户流量产生一定的价值。QQ的私域流量主要通过QQ群的方式进行沟通，QQ群与微信群的运营方式大致相同，主要通过群内发布商品信息、互动信息的方式，增强商品与用户之间的联系。由于展示信息的效果不受平台升级、改版的影响，能够为用户提供较为稳定的服务。

微博是公域流量运营的重要渠道，主要通过热搜、推荐等方式进行。微博的私域流量主要通过用户关注的方式展开。针对自己的不足，目前微博也推出了超话社区、粉丝群等多种帮助大V进行粉丝运营的新功能，让大V和粉丝之间产生更加紧密的关系。

通过以上对微信、QQ和微博私域流量运营方式的讲解，我们可以初步了解到微信、QQ中的私域流量价值高于微博的私域流量价值。什么才是有价值的私域流量？有价值的私域流量主要体现在以下几个方面。

一是有较为清晰的认识。用户对品牌和产品有清晰的认识和信任感，能够产生一定的互动行为，例如通过社交平台进行点赞、评论、购买等。

二是能够有效触达。许多电商商家都有大量的历史成交用户，但是有些用户不能有效地进行沟通，只是在后台收录了他们的信息，因此这些未能有效触达的用户，不能算作品牌和产品的私域流量。

三是能够进行科学管理。如果私域流量不能进行科学的管理，也会造成流量的流失，难以产生更多的价值。因此，有价值的私域流量的特征之一是能够进行科学的管理。在此基础上，我们可以看到微信、QQ的私域流量运营工作，与微博的私域流量运营工作是存在区别的。

微信的私域流量运营集中在公众号、个人号、微信群；QQ的私域流量运营则主要集中在QQ群。这些方式都能帮助商家收集到更多、更具体的用户数据，有针对性地发布相关信息，并对这些数据进行更加有效的管理。

而微博的私域流量运营工作则主要通过超话社区、粉丝群等方式进行，缺少一对一的个性化管理方式。在微博中，发展的重点始终放在公域流量领域；而在私域流量领域，虽然也逐渐地推出了一些新功能，产生了一些较好的效果，但是从整体来看，微博内的私域流量运营仍存在一些劣势，比如微博难以针对性地对用户输出有效触达的信息，并且很难对流量池进行系统化的管理。

从流量价值的持续性来看，微信、QQ还可以通过搭建私域流量池的方式了解用户对不同信息做出的不同反应，根据用户的不同反应，发现有消费潜力的用户，去考虑商品可以为用户带来哪些改变，为用户提供更好的体验，让用户能够持续地产生价值。

微博缺少对用户数据进行分析的功能，因此很难单纯地通过微博来维系用户，不利于商家与品牌进行联结，用户的黏性较低，难以产生持续的流量价值。

以上是不同社交平台私域流量价值的差异，对于运营者来说，需要在仔细了解这些差异的同时，不断地提升自身的运营能力，才能让这些社交平台发挥锦上添花的作用，最大程度地发掘流量的价值。

6.3 短视频平台：抖音与快手，哪个更适合成为你的私域流量池

除了微博、微信、小红书，近几年风口巨大的、以抖音和快手为代表的短视频自媒体平台成为备受达人欢迎的私域流量孵化池，抖音和快手在私域流量上的争夺战也随着用户数量的增多愈演愈烈。那么到底谁在成就私域流量上更胜一筹？下面通过数据分析告诉大家。

快手是一款在2013年转型为短视频的社交软件应用程序，它的前身是制作动态图片的手机应用。而抖音是2016年才上线的短视频应用程序。虽然从时间上看，快手发展的时间更长，资历更老，但相关数据显示，2023年第三季度，抖音的日活跃用户数远超快手日活跃用户数。在这方面，抖音显然是后来者居上。但这一数据并不能代表抖音成就私域流量的能力就比快手更强，即便都是短视频应用程序，但它们的定位和运营模式以及目标用户都是大不相同的，因此成就私域流量的能力自然也要分别讨论。

第一，流量分发。

同时使用抖音和快手的用户应该知道，虽然都是短视频应用程序，但两者使用体验却完全不同。抖音是它推什么你看什么，上滑切换视频，简单且容易沉浸其中［图6-5（a）］。这是由于抖音的管理模式是中心化、强运营的，通过算法控制流量的分发，将用户感兴趣并很有可能产生互动的内容分发给他们，这样的模式也相对更容易产生爆款。

而对于快手来说，更偏向于让用户的关注成为私域流量的入口，更强调用户的自主选择，其内容都是有标题、有封面的［图6-5（b）］，是去中心化的。这样就造成抖音的短视频爆款率更高，但是用户的活跃度以及对关注者的用户黏性方面，快手则更胜一筹。

换句话说，抖音更注重的是内容造就流量，而快手是细水长流地通过社区化的互动增加私域流量。抖音不会把关注者新发布的视频分发给全部粉丝用户，粉丝能看到自己关注的人新发布视频的概率只有10%左右，即便粉丝

(a) 抖音页面设计　　　　(b) 快手页面设计

图6-5　抖音、快手页面设计

关注了视频主，被关注者的视频内容也会根据粉丝的兴趣酌情推荐，不是被关注就能一劳永逸地获取流量，因此内容对于抖音短视频的重要性也就此显现。

快手用户看到自己关注人的视频的概率则大于30%，也正是如此，导致快手视频推荐的内容参差不齐。相比于抖音，用户更容易跳出视频的播放流，这也在一定程度上影响快手的流量变现。

第二，私域流量形成。

短视频发布者要想获得自己的私域流量，首先要做的就是根据不同平台的定位和特点选择发布平台。就抖音和快手而言，抖音的定位是为年轻人设计的短视频平台，宣传语是"抖音，记录美好生活"，洋气又带有调性；而快手则更接地气，更倾向于发布生活的真实记录。

除此之外，平台对视频内容分发的特点也决定了形成流量的难易。前面说到平台对于内容分发方式的不同，抖音用户会更容易围绕一个爆款视频和视频发布者进行互动，但有时也仅仅只是瞬间的交集，社交和互动关系很弱，用户要想获取私域流量就要更注重对视频内容的创作。而快手在这方面就有一定的优势。粉丝更容易通过对被关注者的兴趣，就创作者视频内容互动，这也是快手的直播氛围更好，粉丝对被关注者的信任度更强，被关注者更容易收获粉丝的打赏和电商广告的原因。

第三，流量变现。

流量变现是拥有私域流量的最终目的。变现能力的强弱和平台的运营也有很大的关系。快手方面，除了直播是主要又比较稳定的流量变现渠道外，其他相较于抖音都还是弱一点。快手直播可以通过收礼物、收红包、打榜以及在直播中通过推荐商品来实现流量变现。

抖音虽然也有直播，但是其粉丝的忠诚度和购买率都不如快手高，因为抖音这种内容化的引流模式很难让粉丝非常信任地去购买主播推荐的商品，即便接受推荐也会再从小红书、淘宝等软件货比三家。换句话说，就是抖音更容易推荐商品，但是快手的带货能力更强。

但另一方面，有数据显示，抖音接单TOP10红人的类型是均衡的；但在快手中，接单TOP10里搞笑类红人就占到37.16%，音乐类占25.68%（图6-6），这说明了抖音垂类红人的变现更好、商业价值更高。2022年，抖音集团营收达到850亿美元，其中的收入增长大部分来自其核心的广告业务。形成这种现象很大程度是因为快手的用户比抖音更贴近生活，他们的内容也不如抖音更容易吸引潮流商品的进驻。

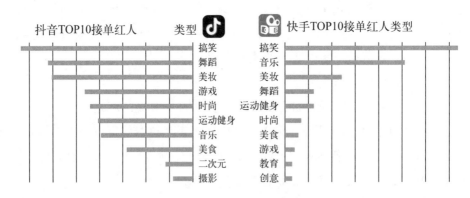

图6-6 抖音快手TOP10接单红人类型

无论是抖音还是快手，用户认的都是视频本身，所以除了做好平台的定位和选择，做好优质的内容才是成就私域流量的根本。

私域流量运营实战：
用户沉淀＋商业变现＋风险规避

6.4　直播平台：利用直播沉淀私域流量如何保持新鲜度

　　直播与私域流量的融合，是直播行业发展的大势所趋。在上一节中，提到主播可以通过淘宝直播与微信公众号相结合的方式，实现拓展新用户与维护老用户，可见直播与私域流量的结合是十分普遍的。如何才能促进直播与私域流量更好地结合呢？本节将重点讲述如何利用直播沉淀私域流量，以保持用户的新鲜度，产生更高的商业价值。

　　私域流量是帮助品牌和产品营销的重要方式，但是私域流量不是自然生成的，而是需要商家有意识地运营。在运营私域流量的过程中，出现最多的问题就是用户会逐渐地丧失对产品和品牌的新鲜感。其主要的原因在于：在运营过程中，产品和品牌的内容不会发生较大的变化，内容和形式的反复出现，可能会让用户产生厌倦感，无法保持流量的新鲜度。

　　如何才能保持用户对产品和品牌的新鲜度呢？可以利用直播平台，不断地沉淀私域流量，运用更加多样的运营方式，留下那些对产品和品牌忠诚度较高、黏性较高的用户，让这些用户产生更多的商业价值，具体方式如图6-7所示。

图6-7　利用直播沉淀私域流量保持新鲜度的方法

　　第一步：直播营销，吸引流量。直播平台是吸引流量、沉淀流量的工具，许多直播平台都能一键将内容分享到微信群、朋友圈，将直播间收获的流量直接引入微信等私域流量平台，通过这种方式实现初步的营销目标，吸引更多具有商业潜力的流量。

在此步骤中，工作的重点在于吸引流量，为之后对流量进行沉淀打好基础，可以通过在微信群、微信朋友圈抽奖的方式，激发用户的积极性。一些品牌利用直播平台进行私域流量运营的尝试，可以拓展营销渠道，吸引更多的流量。

2020年6月，格力电器积极地在新零售领域开展了系列尝试，开展了"格力健康新生活"的直播活动，格力电器董事长董明珠与3万家线下门店，在线下的6大平台开始线上服务，正式地开展品牌日活动。这种方式让每个门店都能通过直播沉淀出自己的私域流量，将直播与私域流量运营相结合，取得了良好的创新效果。

格力电器在使用直播营销方式的同时，也为产品与品牌增添了创新元素，帮助产品和品牌吸引了更多的年轻人，实现了沉淀私域流量、保持用户对产品和品牌新鲜度的目的。

第二步：用户分组，精细化运营。在吸引了部分用户流量后，可以在直播平台引导用户投票，或是引导用户完善平台信息，形成更加完整的用户画像。在采集完用户信息后，可以通过直播平台对用户进行标签化的运营。通过精细化的运营，帮助用户获得互动的新鲜体验，保持新鲜度。

第三步：输出内容，形成闭环。通过对用户的精细化运营，可以大致地了解不同用户的需求，了解用户感兴趣的直播内容，再通过这些直播内容的策划，从而形成流量的闭环。用这种输出与优化相结合的方式，针对用户的需求，保持用户的新鲜度。

将私域流量与直播平台相结合，在保持新鲜度的同时，还会产生一些额外的价值。

一是数据价值。直播平台是私域流量运营中，能让用户停留时间较长的一个渠道，而用户在直播平台观看直播的时间越长，也就能产生越多的价值。因此，保证用户对直播间感兴趣，才能保证用户产生更多的商业价值。

二是体验价值。利用直播平台沉淀私域流量，能够让用户产生更好的体验感。一方面，网络直播能让用户感受到真实的、未经剪辑的内容，在虚拟网络世界中展现出更加真实的内容，这也是直播的魅力所在。另一方面，当

私域流量运营实战：
用户沉淀+商业变现+风险规避

用户对直播的形式感到厌倦时，通过微信运营等私域流量的运营方式，能让用户增添互动感，体验到与直播不同的互动方式。

以上是利用直播平台沉淀私域流量、保持新鲜度的具体方式，以及这些方式的价值。从中可以看出，私域流量运营对于直播平台的发展来说，是重要的一环，也是未来的发展趋势。直播的本质是从公域流量中吸引更多的用户，随后建立私域流量池。当商家拥有了更多的粉丝时，对流量也会有更多自主权和控制权。

可能很多人会有这样的疑问：直播不是在进行公域流量的运营吗，为何我们说直播需要建立私域流量池呢？直播利用公域流量进行运营的方式只是暂时的，只有利用私域流量，才能保证流量能持续地产生价值。

随着大量的明星、网红涌入直播平台，规模较小的公司想要通过直播实现商业价值，难度只会越来越大，成功的概率也会随之降低。破解这种困境的方式之一便是建立起私域流量池，将新吸引的用户转化为私域流量池中的粉丝，不断地盘活用户资源，形成一种良性循环的态势。

总而言之，微信是私域流量运营中的重头戏，微信生态中的许多工具都能帮助私域流量运营获得更好的发展；而直播平台则是容易被忽视的私域流量运营渠道。对于直播平台来说，与其他平台进行联合，才是让用户保持新鲜度的最优解。尤其要重视与微信公众号、微信小程序、微信个人号等渠道的联动，形成私域流量矩阵，保持用户对产品和品牌新鲜度，促进用户流量产生更多的商业价值。

6.5 企业CRM：对拥有线下实体的企业更友好的方式

社会在不断地发展进步，现代化和数字化成为企业的发展趋势。一方面，许多企业借助先进设备和技术在改革发展方面做了大量的工作，通过企业的转型升级取得了更为明显的附加效益；另一方面，社会发展导致的一个普遍现象是，在许多品牌和企业的经营管理中，常规的销售、营销和服务部门的信息化程度越来越不能满足企业业务发展的需要，越来越多的企业要求提高销售体系的整体水平，提高营销管理，重视服务质量。

这就引出了本节要讨论的主要内容——企业CRM，也就是我们通常所说的企业客户关系管理。简单而言，就是关注品牌企业日常业务的自动化和科学化，这是客户关系管理的需求基础。

客户关系管理对所有企业都很重要，CRM是指企业运营者和决策者利用相应的大数据系统和互联网技术，对自己企业的整个经营管理过程进行调整，协调企业与客户之间的销售行为，完成新营销方案的制订，加强企业人员和客户之间的服务互动，借此来提高企业核心竞争力的过程。

企业开展私域建设时也经常利用客户关系管理系统完善企业现有的管理方法，用大数据分析为客户提供创新的、个性化产品和服务，私域企业的生命就是客户，要比平时更加注重互动和服务。私域流量建设的最终目标是为企业和品牌吸引新客户，尽可能地留住老客户，并想方设法将企业用户转变为私域忠诚客户，以增加企业的市场份额。

无论是不是私域，企业客户关系管理的宗旨都是客户。企业为了满足市场会尽量满足每一位客户合理的特殊需求，与每一位客户建立联系。通过客户关系管理软件了解客户的不同需求，并在此基础上开展私域企业的"一对一"个性化服务。在当今的电子商务时代，要想发展好私域流量，"以顾客为本"是关键，企业抓住顾客痛点提高满意度，采取适宜的方式引导客户，为品牌企业培养和维护顾客忠诚显得越来越重要。

企业客户关系管理是改善私域企业与客户关系的新选择。这是一种全新的客户管理机制，越来越多的企业开始发展私域，甚至会使用客户关系管理软件来改善公司的现有问题。做好客户管理可以为企业增加收入，优化盈利能力，最大程度地提高客户满意度。市场上常见的CRM软件都是集合体，通常包括销售管理、业务管理、数据采集和营销管理四大部分，同时还囊括客户服务系统和呼叫中心的功能。

企业要发展私域流量，必然要打好全方位客户关系管理的基础。私域企业的客户关系管理是结合完善的产品管理和财务管理进行的，并不是单一地管理客户。CRM系统可以协同简单实用的办公管理软件等使用，整个系统将企业拆解成不同的职能部门，并将所有部门协同起来与客户共同发展。

私域流量的维护和发展与企业的客户管理密切相关，而CRM系统可以将企业的所有管理完美融合在一起。企业发展私域流量既要全面实现客户、产品、财务、售后服务、团队管理以及绩效考核的协同管理，又要发挥企业的能动性。当然，私域企业也不能忽视日常办公协同工作的管理和改善。企业要想毫无顾虑地发展私域流量经济，就要使整个企业的各项管理都符合标准化管理，并将企业整体纳入统一管理的规划中去。

现代企业发展私域流量会存在一些如图6-8所示的客户管理方面的小问题，这也是企业发展私域流量更应该做好客户关系管理的原因之一。

图6-8　企业在私域流量发展中客户管理方面会出现的问题

（1）不能甄别高质量线索

私域流量企业拥有众多渠道，因此得到的线索更加繁杂。对于企业而言，合理地甄别信息是必需的能力。如果客户对于企业提供的产品或者服务无法满意，就会影响企业在市场上的地位。客户的采购通常是根据自身出发，有计划性和时效性的消费行为，企业不能甄别线索，会延误彼此之间商业行为的最接洽时机。

（2）缺乏科学、合理的销售资源分配

大多数企业的销售资源并不平均，VIP客户资源主要集中在少数业绩优秀的销售人员手中，资源倾斜严重。如果企业人员变动，就可能会造成销售资源的流失。企业的内部资源不透明，对个人的资源分配不公平，平时缺乏人事监管和监督，都会导致企业的生产销售人均单产值低。长此以往会导致销售机会无法增长，许多潜在客户未被调动，企业资源不能充分挖掘。私域企业的客户信息沉淀并不完全，一旦无法充分利用有限资源，企业就无法再次找到机会对销售资源再挖掘。

私域企业可以从点切入，充分利用客户关系管理系统，有针对性地对上述问题进行解决。信息质量过低会影响客户管理的准确度，私域企业可以利用系统数据，细化框架继续筛选，选择最准确的信息。信息杂乱、查询困难，是大型企业在发展私域流量建设时会经常碰到的，企业需要将自己的用户信息进行完整详细的整理和追踪。销售资源不透明化，是所有问题中最难避免的一项，但是企业可以采取"引流"和"奖励"制度，利用奖励或者引导措施置换销售资源。

私域企业可以借助客户关系管理系统规划好客户关键信息的框架，企业运营者和销售人员在了解客户的时候可以更有针对性，决策者决定营销策略时对客户的状况分析也能更加精准。私域企业需要对原有客户信息进行整理跟进，筛选功能可以帮助私域企业快速定位目标客户，并且很快运用到实践中去。

客户关系管理以软件的数据分析和调查为中心，为企业的私域流量建立一套完整的体系，形成以客户为中心的营销策略并且将整个生产管理过程纳入体系。该管理系统软件支持信息数据库，帮助私域企业了解管理政策和管理渠道，建立和优化私域企业的前端业务，整个流程包括营销、销售、产品服务和支持乃至系统的综合调度等。

私域企业借助软件技术，能够进行更加深入的市场和行业数据的分析和挖掘，在企业自身的固有客户中发现最有价值的种子客户，挖掘潜在客户，创造新的商机。企业在做好客户关系管理的同时，增强自身与供应商、合作伙伴的客户联系和互动，提高相互间交流频次。企业在市场上快速的支持响应速度是企业生命力延续的必需，提高企业的支持响应速度是私域企业在互联网电子商务时代的竞争优势。

6.6 【案例】渠道竞争与对私域流量池导流 行为的限制

在说起商业经营管理，提到产品和渠道的关系时，首先想到的肯定是相互依存。我们无法分离这两者。企业如果没有产品，渠道作为宣传营销矩阵就失去存在意义；如果企业不存在营销渠道，生产的产品就无法被客户知道，也无法完成送达，产品根本就没有销售的矩阵。毫无疑问，在贸易场景思维的框架下，产品和渠道应该是一种和谐互惠的共生关系。

随着互联网的发展，渠道已经不单纯局限在原有的存在形态，载体形式和类型更加多种多样。现代用户所熟悉的互联网渠道主要是各种终端，也就是现代互联网在前几年经常提到的，产品出发到达用户之前的传输渠道，即所谓的"最后一公里"。这类渠道有大型商超、便利店、互联网电商网站，甚至线下的专卖店等。这些终端类渠道是企业直接接触用户的工具，甚至有利于塑造用户对品牌企业产品的初步印象。

但是我们也会发现，很多时候，企业品牌产品与渠道并不如想象的那般和谐对等，甚至经常出现失衡的现象。私域企业在产品稀缺的情况下，渠道会经常受到一系列的限制；而在产品占优势时，就会出现渠道端对品牌的反向限制。比如我们熟知的茅台酒，经销商作为渠道，在上货时是受制方，基本需要先缴清货款后才能收到货。而在渠道的实力过于强悍时，私域品牌企业的产品就会受到诸多限制，很不自由。我们看过很多新品牌和产品的渠道铺设，都不能随心所欲，需要与渠道方进行沟通，甚至渠道方的意见更为重要。

而在现代经济中，随着商业模式的转变，流量思维占据了主导地位，流量经济如火如荼。渠道在现在已经不单纯地承担着"触达"任务，触达用户只是它的一项基础职能。渠道在现在起到的作用更像是一个企业引流并且沉淀流量的收集器，越来越多的私域品牌企业通过它来沉淀消费者，私域流量通过渠道端引流赚取的差价高达成本的几倍之多。

现代互联网的流量思维让渠道与品牌以及产品之间的关系产生变换，彼此之间更有思考意味，这是表现出一种强弱关系和竞争关系的转换。在这样的核心之下，也许渠道和产品共生的关系不再长久，竞争才是真正的内核。这种竞争不仅仅是品牌和渠道之间的，也是渠道和渠道之间的。

渠道竞争是企业发展私域流量建设时会遇到的问题之一，是渠道冲突的另一种表现形式。私域企业的渠道竞争，通常是指同一系统的不同企业之间，或服务于同一目标市场的不同系统之间的竞争。现在市场上表现出来的渠道竞争主要有两种形式。一种是同级私域企业之间在各自销售渠道上的竞争。同级私域企业拥有相同的目标市场，他们必然会为争夺客户和销售渠道而展开激烈的竞争。另外一种是私域企业与私域企业在同一目标市场针对同一渠道产生的激烈竞争。

但是无论是上述两种竞争中的哪一种，私域品牌企业都应该重视。竞争本身没有错误，私域企业应该引导健康的竞争。只有适当的竞争才能使企业充满斗志，使结果朝着有利于私域企业自身的方向发展。私域流量发展所利用的最典型的渠道，就是我们熟悉的各大电子商务平台。而现代社会中流量、广告等资源都是私域企业通过空间竞价来获取利润的。

传统的终端渠道虽然和现在的渠道类型不同，但也蕴含着私域企业希望追求的巨大利益。从互联网和媒体的角度来看，终端平台等的曝光基本上可以看作私域企业潜在的流量池。对于现在市场上存在的新产品，渠道方面的展示远比其他方面更为重要。当然，渠道引流对私域流量的最大优点是用户存在高黏度。因为私域企业一旦占据渠道流量，只要用户的行为习惯没有变化，那么这个渠道就是私域企业直接联系沉淀用户的唯一途径。

因此，渠道竞争一直是企业发展私域建设所重视的部分。良性竞争还好，但是近几年这种渠道竞争愈演愈烈，不只是引流、导流这么简单的竞争方式，甚至发展到渠道垄断这种程度。为了整治不良网络风气和互联网商业竞争行为，政府颁布了一系列的互联网规范政策，在一定程度上对各品牌企业和平台形成了一定的制约。

对于商家导流行为，各大电商平台其实都有相应的限制措施，尤其是恶意导流和频繁导流的行为，表现得最为明显的就是微信和拼多多这两个平台。微信限制导流行为主要是致力于为用户提供更加便捷、顺畅的操作体验，避免用户被恶意胁迫。涉及导流行为的信息在微信上不能完全显示出来，更明显的导流信息则是完全不能显示。拼多多针对电商在平台上的导流行为加大了处罚力度，只要被平台发现商家涉及导流行为，商家的保证金就会上调，最高的可达十几万甚至更多。

这种限制导流的行为，其实是对渠道流量的保护，能在很大程度上减少恶意的渠道竞争，保证互联网贸易的公平公正。有些个别商家为了导流，采取的措施非常低下，甚至不惜利用色情低俗的内容哗众取宠、博取热度。适当而正面的渠道竞争，是商业贸易中常见的手段，私域商家偶尔使用也无可厚非，但是凡事都需要有一个度。过度的渠道竞争只能带来不好的影响，甚至对自身产生极大的反噬，得不偿失。

私域企业在进行正常的生产管理活动时，少不了会有渠道竞争的情况，我们对正常的渠道竞争不必避让，但也不支持恶意的渠道竞争。毕竟渠道对于企业来说，是很重要的生产销售矩阵，尤其是在发展私域建设的过程中更是如此。

第7章

社群建设：
形成 B2C+C2C 驱动闭环

私域流量运营还要注意社群的建设和使用，最好是能利用社群影响形成自己的产业链，将私域流量的优势和有利影响发挥到最大。在新的形势和网络环境下，最有力的商业模式还是形成自身B2C+C2C的驱动闭环。

为了达到这一目的，私域流量运营者首先要了解什么是社群，建立私域社群的核心目标是什么，如何利用社群完成B2C+C2C双驱动循环。在详细了解社群之后，私域流量运营者才知道如何利用社群做好对用户的管理和维护，如何将社群流量运营到最大化，实现最优收益。

7.1 社群定义：网络群组并不直接等于社群

很多人把社群简单定义为网络群组。提到社群，多数人都会觉得十分熟悉，也会觉得它很简单。但事实上，大多数人对社群的理解都是错误的、浅显的。社群和现在的网络群组并不相同，也就是说，并不是只要是群组就能被称为社群。

社群的定义，从字面意义上分析是指社会群体是在一定的空间、时间范围内，由一群有相同特性和行为的人构成的。而运营者口中的社群定义就更有限定，它不仅仅是创建一个群将大家拉进群组这么简单的事情，更重要的是，它要有独特的联系点。

私域流量社群就更应如此，私域流量社群成员之间的联系不应该仅仅只有这一个群组，而是社群成员应当属于同一社交关系网，彼此之间互相了解，相互熟悉，有共同的爱好、期许或者目标。一个有生命力的私域社群，需要有自己的表现形式。我们将其总结成私域社群要具有稳定的群体结构和趋于统一的群体意识。

私域流量社群成员应该具备比其他网络群组更统一的行为和意识，群成员有合作互动精神，可以分工合作，并且可以在群主或者管理员等私域社群运营者的带动下，完成有规则、持续性的互动。这样一来，运营者可以通过私域流量社群来激发流量，发挥流量营销的功能性，实现收益最大化。

所以说，私域流量社群建设最重要的不是量化好友和粉丝的行为，而是让社群中的所有人都愿意追随、相信。说到底，信任感和团结度才是社群运营最主要的事情。吸引更多人加入社群，就需要让社群成员有参与感，有一致的喜好和目标。充实自身，展现出一定的自我价值，这是最有用的主动引流技巧。

私域社群作为一个互联网的产物，拥有作为互联网产品的一切特征。作为运营者，想要更好地运营私域流量社群，发挥最大效用，就要关注它的四个生命阶段，如图7-1所示。

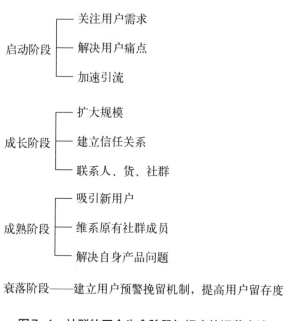

启动阶段 — 关注用户需求
         — 解决用户痛点
         — 加速引流

成长阶段 — 扩大规模
         — 建立信任关系
         — 联系人、货、社群

成熟阶段 — 吸引新用户
         — 维系原有社群成员
         — 解决自身产品问题

衰落阶段——建立用户预警挽留机制，提高用户留存度

图7-1　社群的四个生命阶段与相应的运营方法

① 启动阶段。

社群初创阶段规模较小，成员也不多。这一阶段需要尽快将理论与实际联系起来，关注用户需求，关注用户痛点，并将其运用到实践中去。一切营销活动都是为了达到既定目标，我们需要加快信任关系的建立，加快引流。

在这个阶段，用户对运营者本身还不了解，对产品也只停在"听说"的阶段。对于营销环节而言，市场前景尚不明朗，社群运营考虑的是"社群营销的产品是否能够解决用户的痛点"以及"社群营销产品带去的用户体验到底如何"这样的问题。

② 成长阶段。

这一阶段，社群成员数目有了一定的增长。社群本身已经度过了用户信任的建立期，并且也获得了用户的认可。这表示运营者在这一阶段需要通过更多的营销手段吸引更多的流量，扩大社群的规模，并且在引流的同时巩固与现有社群成员的信任关系。

③ 成熟阶段。

在成熟阶段，社群总体规模已经基本稳定，社群成员只能小幅度增加，很难再有突破性的增长。这个阶段主要的工作就是抓紧用户，通过运营手段使用户活跃并留存他们，同时要保证新用户的稳定增长。

④ 衰落阶段。

在衰落阶段，社群和新生势力相比已经逐渐失去了竞争力。自身用户的流失率可能也会不断提升。这时候的关键就是要通过运营手段做好用户回流工作，并且想办法为社群创新运营手段寻求新的机会。这时社群考虑的应是"我们应该如何触达那些流失的用户，并将他们拉回来"这样的问题。

私域流量社群，无论是在哪个阶段，除了营销功能外最大的效用就是社交，想要更好地发挥其营销效应也要巩固好社交基础。私域社群运营起来和日常生活的社交活动一样，而它的营销则是建立在信任这样的人际关系基础上的。所以，想要更高效精准地做好私域流量社群引流，要关注社交活动。如图7-2所示，这里有五种高效精准的社群引流方法，供运营者借鉴。

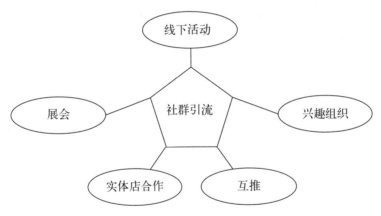

图7-2 五种高效精准的社群引流方法

（1）线下活动

运营私域流量社群需要注重线下活动的进行，这有助于培养社群成员之间的信任，线下活动比线上活动更能使用户安心。沙龙、聚会都算是线下活动，互动吧就是一个好的例子。

线下活动最好收费，因为免费的活动会导致部分人心态失衡，怀着打广告和推销的投机心态来参加活动。这样一来，会使用户产生厌烦情绪，线下活动就会失去它应有的社交意义，失去高效引流的作用。

（2）展会

展会是指行业上下游的展会，或者是加入私域社群的相关展会。这和线下活动一样，都是有社交性质的线下场景，最终的目的是发现兴趣相投的人。在收集有效的价值名片后，互相添加微信好友，慢慢发展为私域社群成员。

（3）兴趣组织

加入自己喜欢的本地兴趣组织，如读书、亲子、爬山、摄影组织等。这样的兴趣组织有利于遇见兴趣相投的人。彼此之间有一定的话题，有相同的兴趣点，那么关系一定更容易亲近，这也是结识很多亲近朋友的方式。

参加兴趣组织之后，私域流量社群运营者要注意积极参与和发言，本身就是自己喜欢的，理应表现出一定的兴趣和热爱，这样才更能让他人信任你。兴趣组织的参与者一般都是狂热爱好者，他们可以分辨得出他人是否真的热爱兴趣。所以如果不是真的对项目有兴趣，建议不要轻易尝试。

（4）实体店合作

这一方式是针对实体店和实体店客户的，一般来说可能采用的人较少。私域流量社群运营者需要选择和自己产品不冲突的关联性实体店来进行合作。可以是以提供小礼品的形式合作，也可以是通过优惠活动、促销方式等进行合作。实体店主以及店铺顾客都可以是目标用户。合作时，最好直接准备二维码或者微信号，这样意向用户就可以直接加微信好友，而运营者也不会错失潜在的意向用户。

（5）互推

互推即好友互推，或者是行业内部互推。这一方式首先要注意不能采用硬推广形式，要注意适度推广。不能毫无重点，要突出自身价值，突出产品价值。一般来讲，合作的互推对象，应该是朋友、客户或者是产品相关的微信公众号、社群。互推是另一种形式二次传播，所以更要注意合作对象和目标人群的选取。

以上是笔者总结的私域社群的四个发展阶段，以及五种简单的社群引流方式，这可以使私域社群运营者关注社群活力状况，并且在社群运营过程中直接引流。有源源不断的流量，就方便维持私域流量社群的整个生命周期。

7.2 核心目标：衍生主题相关内容保持活跃度

一个社群是否有生命力，是否能够体现其价值，主要看社群的活跃度。试想一下，社群建成之后死气沉沉，又或者是只有管理员和群主说话，这样的社群可以说非常失败。一个私域社群不活跃，没有流量贡献，就毫无意义。私域社群运营的核心目标，是保持并提升社群的活跃度。

要想提升私域社群活跃度，首先就要打造一个多元化、有价值的私域流量社群。一个多元化、有价值的私域流量社群，需要运营者个人魅力和品牌价值。群消息的互动、群红包的使用都是私域社群运营应当注意的问题。私域社群成员中的积极分子也是切实可行的提升私域流量社群活跃度的支点，因为他们可以带动其他成员发言。

提升一个社群活跃度的方式有很多种，但是在如今内容为王的媒体环境中，私域社群的运营也要通过经营主题活动的方式进行。在统一的主题下，主要强调如图7-3所示的衍生主题相关内容保持活跃度的几种方法。

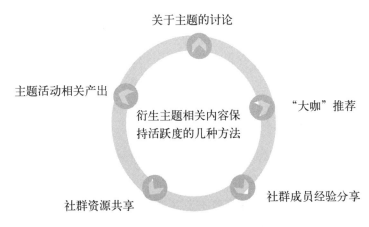

图7-3 衍生主题相关内容保持活跃度的几种方法

（1）关于主题的讨论

对于社群成员而言，之所以加入社群，是因为其有一致的目标和爱好，他们会关注社群的一切内容。私域社群运营者和管理员若是想全方位调动社群积极性，可以尝试轻程度小范围的放权，或者筹划一些关乎社群成员的活动时，可以群策群力。

私域社群在每次活动主题的选定时都可以将主题开放给社群成员，让大家自行商议决定，也可以由群主和管理员提出，大家投票产生。这样一来，主题既能合乎大家心意，也能调动成员的积极性，主题确定之后的一系列活动和后续内容中大家的参与度也能有保障。

关于主题的确定，并不困难，只要是和自身社群有关联，内容积极向上就可以。主题交给社群成员自行决定，可以做到公开公正，运营者也刚好借此机会对社群成员进行深入的再了解；社群成员也会觉得这个社群更人性化，更有温度，有利于增强对社群的认同感和归属感。如果社群发展得有声有色，成员可能还会自发为私域社群进行新一轮的引流。社群成员自由而有权利，有助于社群活跃度的提升。

（2）"大咖"推荐

关于私域社群主题确定后如何衍生相关内容，可以向圈内"大咖"请教，也可以在经过授权之后，将"大咖"推荐转发到社群中，甚至直接将"大咖"本人拉入社群。当然，群中原有的"大咖"，甚至是德高望重的成员的意见也是包含在"大咖"推荐范畴之内的。

在确定了主题之后，社群的运营者就可以根据主题去进行调查和搜寻工作。这个时候"大咖"的推荐是非常重要的，行业"大咖"的经验是非常有见解、有意义的。如果能将其结合在自身社群的主题中，无论是活动还是后续衍生内容肯定能非常成功，获得社群成员的欣赏，同时也会增加运营者自身的专业度和社群的影响力。

无论是哪个行业，"大咖"推荐内容都是可遇而不可求的机会。它代表的不仅仅是自身的专业和实力，同时也会提升知名度，提升社群成员对社群专业度的信服。大部分"大咖"都有其影响力，因此只要"大咖"推荐出现在社群中，自然不愁社群的活跃度。虽然得到"大咖"推荐的过程可能会有些困难，也许需要额外的前期投入，但只要支出合理，对私域社群的营销活动来说，绝对是利大于弊。

（3）社群成员经验分享

关于私域社群主题以及衍生主题的相关内容，也可以开放给社群成员。大部分私域社群的成员来自不同的行业、地域，有不同的经历和经验，大家的想法都会给社群主题赋予不同的意义。因此，后续的衍生相关内容通过群成员的共同思考和分享，可以更加丰富，成功概率更大。

私域社群成员的经验分享可以不局限在主题本身，只要是与主题有关联，甚至可以引申到其他的方向和内容，最主要的还是经验和内容本身。只要有人开始分享，那么自然会有人呼应和互动，这样社群的活跃度就会有保障。

（4）社群资源共享

无论是什么行业、什么领域，大多都需要资源的保障。每个人都希望能有提升自身的渠道和资源，私域社群就可以充当这个渠道，来提升自身的活跃度。私域社群管理员和运营者在确定的主题之下，可以提倡社群资源共享，鼓励社群成员互相学习，共同进步。

学习对于一个人的诱惑力是很大的，尤其是在付费时代下的免费学习。而且，社群资源共享的一大好处在于它不局限，范围、领域都极广，社群成员有自由的选择权。在资源共享的诱惑下，越来越多的社群成员会参与进来。有了学习资源，就会出现提问和解答的互动，学习氛围会越发浓厚，私域社群成员的积极性会自发调动出来。

（5）主题活动相关产出

很多情况下，如果在社群的活动结束后，还能有系列活动或者相关的复盘产出，社群成员的积极性会提高很多。单纯的活动对社群成员的吸引力总归只有那么一些，即便是能有推手和"大咖"推动，热度也会很快降下去。但是如果能有相关的复盘总结和衍生产出就不一样了。

私域流量社群成员会持续关注社群动态。在参加过一个活动之后，总会有人有总结收获的习惯，同样地，他们也希望能看到其他人的总结反思或者回顾。并且，一个私域社群活动，可能不是社群内百分之百的人参加，那些没有参加的人往往才是最好奇活动情况的。如果会有衍生产出、总结和活动复盘，不仅此次活动有良好的收尾，也会为下次活动的成功打下基础。

以上就是笔者总结的私域流量社群衍生主题相关内容保持活跃度的五种方法。私域流量社群的活跃度是个非常重要的衡量运营是否成功的指标，它关系着一个营销活动的参与度和影响力，同时决定着营销的成败和社群的存活周期。这也是一个成功的运营者将社群活跃度当作私域流量社群运营核心目标的原因之一。

7.3 B2C驱动：社群核心人员应承担的运营任务

B2C是互联网经济中常见的商业模式，它是指企业对消费者的电子商业模式。简单地说，就是商家与消费者之间直接发生商业活动的互联网零售业模式。这种商业模式为消费者提供场景便利，节省消费者和电商企业之间的时间、空间投入，能有效地提高交易率和交易量。

私域流量社群有很多在做B2C模式的品牌企业，这个时候运营者一定要明白，社群的本质其实是有共同联系点的成员聊天室，运营者必须擅长并愿意与消费者线上聊天，所以，从事这项工作的人要有充足时间，或者是有牺牲精神。运营者愿意牺牲自己私人时间，依据消费者时间来陪伴消费者聊天是主要的运营方式，是能够打动并且吸引消费者的关键。因此，私域社群运营中聊得好非常重要，不需要有过多技巧，真诚、会聊才是延长私域社群生命周期的秘诀。

如图7-4所示是四种B2C模式下社群核心人员应承担的运营任务。

（1）明确自身社群定位

私域流量社群运营者一定要明确自身社群定位。私域社群定位的三个重点要素是人、货、场。社群的运营应当以人为中心，以信任为纽带，以场景

私域流量运营实战：
用户沉淀＋商业变现＋风险规避

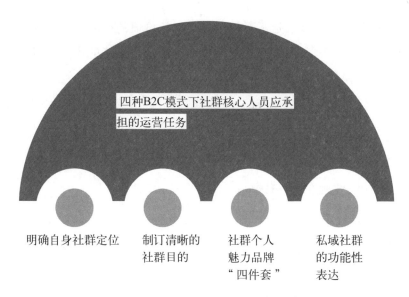

图7-4　四种B2C模式下社群核心人员应承担的运营任务

为出发点，利用私域社群能自我成长和易裂变的特性，为用户和产品创造有价值的联系，实现企业自身业务的快速发展，利用私域社群优势实现收益最大化。

简单来说：私域社群对人的理解是用户画像，用户分别是什么样的人；私域社群对商品的理解为产品、技术核心、问题解决方案；私域社群对场景的理解为社群运营内容、社群自身氛围、社群主题和活动，围绕社群的各种产出等。

现代电子商务的人、货、场和我们正在讨论的私域社群的人、货、场，实际上是两个概念。现代电子商务的人、货、场更多的是基于集中平台的思维，而私域社群的人、货、场基本都是以个体思维为基础的。

举个最简单的例子，现代电子商务大多是以企业贸易为主，私域社群是以消费者贸易为主。私域社群运营管理的基础是粉丝。大多数粉丝，都是对企业品牌感到满意，投入感情的忠实用户。这些粉丝为品牌产生的消费行为，全是基于对品牌和产品的情感基础。开发产品的大体流程都是首先通过私域社群定位目标用户，然后通过私域社群对用户需求展开研究，生产出符合消费者需求和市场的产品，最大限度地实现品牌产品属性与用户需求的统一，而不是按照产品来定义用户。

私域社群营销的核心是不断向用户交付有价值的产品，真正让用户深入了解产品，培养未来实用产品的可能性，挖掘用户可能的应用场景。要完成上述目标，首先就要解决用户在使用产品时遇到的问题，要注重品牌私域社群的定位。做好品牌私域社群的定位，需要了解私域社群需要承担什么样的角色，成员需求是什么；针对这些，运营者需要解决什么样的问题，建设什么样的私域社群。关于这些，我们都需要有一个详细且明确的方案。

（2）制订清晰的社群目的

"这个私域社群需要有一个什么样的结果"，这一问题必须在社群建成之前有一个明确的答案，即私域社群成立运营一段时间后，想收获什么，如何实现。

私域社群目的设计原则：实现顾客群体目标；并且想办法实现社群运营初始目标。这是一个非常难实现的指标，很多私域社群运营者在经营过程中发现引导目标是不正确的。他们发现自己的用户群体口味已经发生了变化，而这些变化的发生甚至不是在经过一段时间的经营之后。

发生上述问题的根本原因是在私域社群的建设初期没有设计清晰明确的社群目的，没有设计出更合理的渠道和路线以实现私域社群营销变现。

（3）社群个人魅力品牌"四件套"

① 私域社群个人号昵称　事实上一个人初步印象的建立，可以形象化成一个简单公式：初步印象＝品牌名称＋特定形象。私域社群运营者的个人号昵称是一个免费的品牌广告，需要一个容易记忆并且简单明了的昵称，最好是有想象范围、容易联想的昵称。因此，私域社群运营者个人号昵称的选取需要一个人性化的名称，以打造专属的社群品牌效应：品牌名称＋形象联想＝私域品牌社群运营者个人号昵称。

② 私域社群个人号头像：抓住目标消费者精准画像　私域社群运营者个人号的头像设计，可以基于自身画像选取，也可选取针对性用户群体的共性进行画像。私域社群是在利用网络的便利性经营客户关系，维护虚拟关系的时候，最重要的就是真实和信任。

私域社群运营者的个人账号非常重要，整体上必须要给客户一个真实存在，并且有温度的个人形象，这样可以加深消费者和社群成员的信任度，提升社群号的温度。在进行一个私域社群营销的时候，尽量不要选取明星头像、动物、风景、动漫等这些个人化风格相对明显而与营销内容无关的头像。这些头像的效果很差，对于私域社群运营者而言并不能加深或者改善用户对品牌的印象。

③ 个性签名一定是社群运营者贴近用户的最佳选择　私域社群运营个人号个性签名一定不能做品牌或者产品的营销，反而是应选择个人化且有时代感的。个性签名是私域号与主要消费者群体寻求共同语言的一个重要表现，一定要选取符合种子用户群体的个性化签名风格。

④ 朋友圈非常重要　私域社群运营个人号做生意，个人号就相当于实体店铺，发表的文字和相册就是货架，朋友圈就是私域社群运营个人号的门面。所有的种子用户在确定意向的时候，第一步就是观看社群运营者的朋友圈，所以朋友圈的建设非常重要。消费者第一眼看见的就是朋友圈展现的"人设"，所以整个私域社群运营的核心依旧是致力于打造"人设"，而且是真实可信赖、符合用户期望的"人设"。

（4）私域社群的功能性表达

运营者要考虑私域社群营销中兑换优惠券、私域流量社群建设拼团、手工在线聊天订购、做终极新订单、私域社群营销的新人订单发送、社群明星产品试用礼包、促销以及各种新人订单的打折优惠等活动的营销策略应如何很好地落地实行。

私域社群的功能性表达需要有足够的温度感，让消费者感觉到社群运营者是真诚的人，没有机械重复的套路。温度感是私域社群运营中的一个非常重要的用户体验。有温度的私域社群才会有更高的转化率，因为大多数的消费者已经对硬性推介的广告产生了免疫力，只有温度营销才更能感动消费者。

以上是B2C模式下社群核心人员应承担的运营任务。事实上，大多数的私域社群经营最主要的是有一颗真诚的心，这样才能够细致、耐心地为消费者提供良好的服务，建立平等信任的关系。

7.4 C2C驱动：如何让更多普通成员参与互动？

在探讨私域社群的C2C模式之前，先简单说一下C2C模式的含义：它是指现代商业模式中由电商平台或者其他载体作为媒介，提供消费者与消费者之间交易服务的活动。也就是说C2C模式代表的是消费者和消费者之间的商业行为模式。

和B2B模式一样，许多私域社群运营也会采用C2C模式进行商品营销。也就是以私域社群作为平台为用户提供交易媒介，让社群成员之间自行进行交易活动。私域社群可以开展C2C模式，主要得益于社群成员之间的信任和成员的自发性转发形成的二次营销。

私域社群成员把社群内发布的产品内容直接发给某个特定的好友，而不是仅仅转进朋友圈，说明他觉得社群的营销产品是有价值的。那么这个用户转发的特定好友有可能会成为私域社群的潜在目标用户。换个角度观察，帮助进行C2C行为的成员数量，代表着社群忠诚成员的数量。如果不是对私域流量社群的营销信息信赖和认可，用户不会愿意直接将信息转给现实中的其他好友。

在私域社群进行C2C驱动时，运营者和群管理员想让更多的成员参与互动就一定要注意社群的基本职能。私域社群是由有共同点的成员组成的群聊室，其营销本质是熟人社交和关系营销。为了让更多的用户参与互动，就要想办法让用户喜欢这个私域社群，应该想方设法促使社群成员找到与这个社群以及其他用户的连接点。简单将其分为如图7-5所示的三种类型，按程度不同逐渐递增。

图7-5　社群成员找到与这个社群以及其他用户连接点的三种方式

（1）用户与群主认识

常见的做法是引导新用户添加私域社群群主或官方人员，然后进行适当的私人聊天和交流。引导的方式一般是社群群主或官方人员自行决定。而常见的引流则可以通过演讲和提供价值等来吸引新用户添加好友，进入社群。

（2）用户与用户认识

一方面，最直接的方式是规定新用户进群时必须自我介绍、组团等。这会引起其他用户的注意并主动开始社交，联系新成员聊天，促进成员之间关系的建立。

另一方面，社群运营者和管理员可以在进入社群前与种子用户进行提前沟通。或者在新用户进入私域群后的短时间内，抓紧安排管理员与新用户沟通，介绍社群基本情况，引导新成员迅速融入。通过这一方式，可以增加新用户对私域社群的参与感和归属感。这样，用户会更快地喜欢上私域社群。

（3）用户去邀请好友

留存率的计算数据显示，社群用户邀请好友参与社群活动的频率与社群留存率数据成正比。社群用户邀请朋友参与社群活动的频率越高，社群的留存率也就越高。因此，私域社群运营者可以通过激励手段、荣誉驱动和兴趣驱动来促进新成员邀请朋友加入社群，参与活动。如果在短时间内推广，还期望有良好的社群引流，最有效的方式还是利益驱动。

现阶段开展得如火如荼的知识付费社群，就是秉承这样的驱动方式实行的。他们的私域社区有着明确的团体规则：邀请一位新朋友加入社群，成员本人的修读课程将获得折扣优惠。如果邀请了2位甚至更多朋友加入社群，并且该成员在所学课程中获得了较高的分数，那么该门课可以获得免费的课时。按照这样的算法，想要免费学习这门课程，就要为社群拉进至少20人，甚至更多。

社群成员自愿为社群拉新其实是很难做到的。在这样的情况之下，私域社群运营者该以什么的方式才能极大激发并帮助进行C2C行为的成员数量增长呢？其实有以下五点技巧，如图7-6所示。

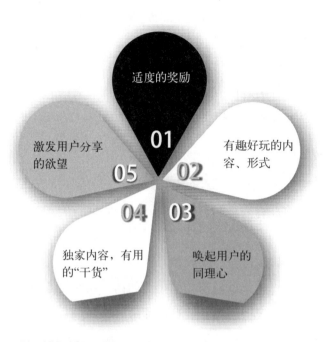

图7-6　极大激发并帮助进行C2C行为的成员数量增长的五种方式

① 适度的奖励。

如果你曾经加入过某一社群，就会发现里面分享最多的活动信息一定是对用户有一定的奖励成分的，就像教育、知识付费、体育运动等大型社群，也会拿出具有高频消费特点的代金券或优惠作为奖励。值得注意的是，优惠券是高频消费者的主要诱因，而那些具有低频消费特征的，使用优惠券刺激共享的转化率相对较低。

社群红包是私域社群发展C2C，并且提升活跃度的必备武器。巧妙地利用红包，甚至可以唤起"死群""广告群"的活跃度。看上去红包的好处多多，但是，却不能频繁使用。因为社群红包建立在直接利益之上，是弱吸引力。长时间使用社群红包来激活群的活跃度，反而会使私域社群成员产生只要不活跃就有红包拿的惯性思维，适得其反。

用红包作为营销噱头，言简意赅地突出产品的亮点。主要的营销方式是以提问的方式，给用户造成理所应当的假象。这类产品主要是实用的生活用品，日常生活需要。这种情况下的最后定论是"需要的就买吧"。

② 有趣好玩的内容、形式。

消费者无论年纪多大，都热衷于有趣的、好玩的事物，热衷于自由和个性，例如笑话、喜剧、旅游……这类型的事物如果有能让人开怀大笑的内容，就会有相当高的传播率。比如一段经典的电影桥段，会被无数人铭记。即便是现在，经典电影的配图或者台词仍然有很高的点击率和分享率。

因此社群运营者在进行运营的同时，要注意多发布好玩、有趣的内容，采取多样化、生动有效的形式来推广自己的品牌服务和产品，以便提高消费者的兴趣，促进消费者主动转发分享。

③ 唤起用户的同理心。

现代社会中仍旧不乏真、善、美。人们生活中时常会有抱怨，但是那其实映射了内心中最渴求的内容。如果私域社群提供的服务和产品能够满足消费者的需求，激发用户的兴趣，那么，用户自然就能产生分享的欲望。

④ 独家内容，有用的"干货"。

在信息泛滥的时代，尤其是在标题党盛行时代，我们所阅读的内容一般都不具有对应价值。真正有价值的内容是相当稀缺的。内容上的稀缺性和价值性，是鼓励用户分享的一种有效方式。然而，这种分享是基于用户的自发分享，而不是通过私域社群运营者个人号引导。

⑤ 激发用户分享的欲望。

大多数人在生活中被分享信息最多的一定是日常和理想，有晒娃的，晒海外旅行照的，晒奖状的……时间长了会能发现，用户分享的意愿大部分来自"我需要被夸奖/羡慕"这样的心理。私域社群运营可以将这一点利用起来，发布分享一些可激发用户分享欲的内容、服务和产品。

以上就是极大激发帮助进行C2C行为的成员数量增长的五种方式。私域社群运营者不仅可以将私域社群建设成单一的B2C、C2C模式，还可以运营成B2C和C2C结合的商业模式，以便获得更多的收益。

7.5 关系管理：社群互动与用户关系管理的作用机制

现代社群电子商务的主要机制是一套客户管理系统。它主要是通过社群成员和消费者的社交关系进行运营和营销，尽量激活私域社群运营企业的沉淀顾客。私域社群运营摒弃传统的客户管理方式，通过社交网络工具对每一位客户进行改造，利用社交媒体工具充分调动他们的活力，以增强社群自身社交沟通和营销能力。

私域社群运营的本质是熟人关系的维护和运营，高质量的私域社群，绝不是轻松随意运营维护的。私域流量社群运营的成功也不是一蹴而就的，都是按照流程执行有迹可循的。因此，私域社群互动与用户关系管理的作用机制总结起来有九点，如图7-7所示。

完善群规则

组织活动

提高关联的强度

建立信任

社群产品、用户定位

利用群公告

营造归属感

实现个人价值

确立共同目标

图7-7　私域社群互动与用户关系管理的作用机制

（1）完善群规则

没有规则，就没有规矩。私域流量社群运营管理也是一样，无规矩不成方圆。在私域社群的运行规则中，所有进入社群的成员都应接受这些约束，遵循此规则。因此，在新的社群成员加入社群之前，社群管理员和运营者应该先给其介绍私域社群群规，以便能提前了解并保证遵守。

如果一个私域社群没有群规，那么很多新成员在进入社群后便没有约束，随意而为，这个群体就会变得乌烟瘴气。在群里，如果有一个人随意而为，时间久了，就会有很多人模仿，渐渐地就成了群里的潜规则。当我们反复强调群规，重复得多了，成员们会主动遵守社群的群体规则，这个群规才能真正潜移默化地起到作用。

（2）组织活动

私域社群的运营应当经常组织主题活动，不仅是为了联络成员间的感情，也可以使其真正有些收获。私域社群的活动多可分为线上活动和线下活动两种。线上活动有群体分享和线上访谈。例如，可以定期举办分享会，在社群中与成员进行分享。如果有些人有干货，但他们认为文字分享麻烦的时候，我们可以在线上充当主持人点名，以访谈的形式推动其分享给别人。分享的内容没有限制，可以分享健康知识以及生活中的经验教训、日常心态、细节感悟等。

线下活动的形式就更加丰富了，读书会、沙龙等都是线下活动的常见形式。这种线下活动的前期准备比较多，大多是茶话会的形式，需要布置场地，准备茶点。但这种线下的面对面能够更快速地拉近成员彼此之间的距离。

（3）提高关联的强度

私域社群的关联是什么意思？简单地说，它是连接私域社群用户和用户、用户和运营者关系的。但运营者不能仅仅只是看，也不能把这些关系看成是普通的关系。运营者需要收集数据和资料，判断社群成员和运营者之间关系的强弱。私域流量社群运营者需要做的是将弱关系转化为强关系，与用户建立起深度的情感联系，让用户对私域社群有归属感，以强关系推动强联系。

（4）建立信任

社交群组最大的特点就是活动性极高，极不稳定。在私域社群这样一个基本每天都会变化，会有新成员加入，不稳定的社交平台中，信任自然很难建立起来，这就使信任和真诚成为私域社群运营过程中极其重要的一环，它决定运营成败。

在互联网私域社群中，收获真正的理解和信任是很不容易的。但是对于社群运营而言，没有信任，就谈不上交易，所以建立信任是必要的。

（5）社群产品、用户定位

私域社群的运营也是流量变现，运营目的是获得低成本流量。私域社群营销是企业获得流量最基本的途径，所以品牌和企业必须首先定位自身产品和服务，要预先做好市场调查，配合用户画像数据明确用户定位，有针对性地更新产品。

（6）利用群公告

进入私域社群后，大多数人并不关心无关内容，都会习惯性地将社群设置为免打扰模式，这也是许多运营商活动反响平平的原因，因为大部分用户对群组中的活动完全看不见。作为社群的运营者和管理员，你有权使用群公告将活动告知每个人。

举办一个社群的主题活动，运营者应该善于使用群公告来帮助自身和企业最大限度地扩大活动的曝光率。然而，频繁使用群公告会引起用户的反感，因此对时间节点的控制非常重要。

（7）营造归属感

归属感从字面意义上讲，是一种对组织和环境的认同感，这是一种主观感受，可以通过别人的肯定和赞扬来增强。我们都知道，对个人而言，企业认同或组织认同是非常重要的。只有具有高度的认同感，员工才会愿意为企业付出努力，为企业奋斗。私域社群的建设运营也是如此。当一群素不相识的人聚在一起，想要维持一个共同体，首先要让普通成员改变原来对"群"的偏见，产生一种稀缺感。

私域流量运营实战：
用户沉淀＋商业变现＋风险规避

例如，在日常的私域社群聊天过程中，一些成员喜欢提出自己独特的建议或分享自己的知识。对于这样的社群成员，可以给他们颁发"思想之王""人生导师"等头衔，让他们感受到自己的价值被认同，以此更愿意向更多的人传递他们的语言能量。这样一来，每个社群成员都会熟悉他们，从而感受到社群的温暖，而他们也能得到其他社群成员的认可。认同感其实是私域社群运作的情感纽带。在巨大的生活压力下，如果有一个私域社群可以成为暂时的避风港，能让成员时时刻刻感受到温暖、鼓励和肯定，肯定会产生不同程度的精神认同，形成一些归属感。

（8）实现个人价值

正如AI识别需要一个对象，社交也需要一个理由。而建立私域社群的原因是社群可以为其成员带来价值，带来的具体价值可以是多样的。例如，在功能方面，价值可以是工具性需求，如资源交换、利益共享或能力提升；在精神层面上，比如找到归属感，发泄某些情绪等情感需求。

当然，在私域社群为成员提供整体价值的同时，社群成员本身也应该带有一定的价值，比如，有成员是某一个领域无可替代的人才等。私域流量社群成员的自我价值感在一定程度上可以提高社群的整体价值，吸引高素质的新成员参与社群，形成良性循环。

（9）确立共同目标

每个人都有不同的动机和需求。只有当个人和群体的需要相适应，整个集体才能运行良好，这就需要以集体的共同目标作为价值导向。例如，不同的企业对私域社群的建立和运营都有不同的目标。一些企业会禁止发布一些与集团内企业无关的图片、文字或链接，只作为发布企业信息和组织活动的工具。但是，一些企业设立社区运营商是为了提高集团的活动性，保持企业与员工之间的沟通，并以社群为平台来维护企业与员工之间的关系。

以上就是私域社群互动与用户关系管理的作用机制，希望大家能从中得到收获，顺利地运营起自己的私域流量社群。

7.6 【案例】某在线教育产品的家长社群运营

人们越来越关注教育，许多在线教育品牌如雨后春笋纷纷冒出。在线教育的形式也被更多学生和家长所接受。但即使是这样，在线教育依旧发展得并不完善，还有许多亟待解决的问题。现以某在线教育产品的家长社群运营为例，分析一下在线教育社群在现今的困境和优势。首先，总结了四点在线教育产品社群转化的困境。

① 获取流量成本增加。

流量成本一直是所有互联网行业的痛点，随着在线教育的不断发展，行业流量池基本饱和，这就导致该行业的流量竞争压力越来越大，流量价格随之水涨船高。大部分在线教育品牌想要保住基本ROI，都需要拼命引流拉新，维护客户，提高社群转化效率。

② 用户对行业认知提高。

互联网的发展使很多信息都不再是秘密，教育的普及率也越来越高，大多数用户都或多或少了解教育行业的情况，再加上K12的发展壮大，私域社群如果对家长继续使用套路肯定失败，所以需要私域社群运营努力改进维护和运营的方式方法，提高运营质量才能提高最终的转化率。

③ 用户要求增高。

用户对在线教育的选择性增多，这就导致他们的耐心变差。在线教育品牌社群需要在极短的时间内抓住用户，取得用户的认可和信任。而没能得到用户认同感和认可的社群，其用户很快就会流失掉，运营自然是失败的。这就需要在线教育私域社群运营者产出更优质的内容，营造更好的社群氛围。

④ 经济形势不好。

受近几年的经济形势影响，大多数家长对在线教育产品的付费意愿都有大幅度的下降，尤其是相对不重要的非刚需课程。在线教育私域社群运营者更需要精细的产品营销设计，直接表现出产品的吸引力，才能使社群获得用户，提升用户的付费意愿。

以上的四点困境其实也说明了现今在线教育行业的问题，通过社群运营的方式，可以在一定程度上缓解上述问题。而且，对于社群运营而言，也有缓解方式。私域社群运营最主要就是真诚，而真诚的体现其实就是抓的细节，能解决问题的细节才是关键。

下面简单地总结了某在线教育产品家长社群运营的方式方法，如图7-8所示。

体验式的产品推荐 **01**

02 关怀亲切的话术设计

图7-8　某在线教育产品家长社群运营的方式方法

① 体验式的产品推荐。

a. 家长社群产品多元游戏化的运营玩法。该在线教育产品的家长社群运营将自己的产品放到社群中，让家长亲身体验之后再做决定。这无疑是大胆的一步，也是该家长社群运营成功的第一步。该在线教育产品让家长在群里事先进行体验式尝试，以游戏的方式学习，家长体验感好，自然会为此买单。

在社群体验中，管理者很快掌握到第一手信息，大部分家长表示该产品多样化的游戏操作很吸引孩子，方便孩子进入寓教于乐的学习环境和学习氛围，延长孩子投入在学习里的时间。但是也有一部分家长表示有些担心，孩子会关注点偏移，学得不够扎实。

为了在短时间内掌握学生和家长的心理，该在线教育产品通过学分排名奖励机制、打卡解锁机制、学习激励机制、荣誉机制、特权机制、自组织的

"红包问答互动"游戏，反复引导学生和家长，逐渐养成"越熟悉的东西，越喜欢"的"多看"氛围。

该在线教育产品家长社群的运营者，还通过社群告诉家长，该产品是通过各种激励让学生获得学习的成就感，从而激发学生学习的内在动机，让学生能够高质量地参与学习，逐渐打消了部分家长的担心。

b. 家长社群多元化场景设计体验。资料显示，近八成的社群运营者在社群运营的过程中会出现逻辑混乱、素材单一、只有产品介绍的情况。这样的营销无疑是失败的，它无法激发家长对产品的认同，无法提升其购买欲望。整个社群营销过程中，运营者全程自我感动，没有关注与家长的互动，自然不会成功。

详细的营销设计需要长期在社群的经验积累和对家长的真正理解。运营者只要创造出一个贴近现实、有温度的场景，家长社群转化率就会有一个可观的飞跃。

② 关怀亲切的话术设计。

在家长社群营销过程中，社群运营者首先要了解家长和学生的需求，避免盲目自夸产品。在产品营销之前应当尽量掌握用户信息，换位思考学生在学习中会遇到什么问题，学生和家长的本质需求是什么；换位思考想清楚学生和家长的痛点，尝试用多种方式建立用户画像，深层次挖掘用户需求。

当然，有时候学生和家长未必真正了解自己的情况，需要分析和引导。该在线教育产品家长社群运营者在交易前经常换位思考，随机应变转变学生和家长的焦虑和怀疑心理，营造轻松又愉快的对话氛围。

家长社群运营者需要时刻秉持职业精神，真诚待人，与学生家长建立信任。产品营销一个普遍存在的问题就是直奔主题，无论发生了什么，运营者都要记住不要直奔主题。家长社群是一个交流群，如果运营者的销售目的性太强，会降低家长的好感和信任度，导致用户流失。

现在在线教育行业的流量虽然看起来饱和，但是仍有潜在资源待开掘，只是需要挖掘和培育。家长社群运营者可以采取差异化引流主动获取流量。在家长社群中，运营者可以根据不同的家长和学生类型，通过差异化服务进行销售。

该在线教育产品私域社群运营者对学生和家长的营销方式更有针对性，如在社群之外对现有学生进行一对一的私人聊天，根据学生的个人学习情况为其提供更精准的服务。总之，运营者在营销的各环节都要注重挖掘和把握家长和学生真正关心的痛点和需求，总结自身品牌和产品的优势。

第8章

成长阶段：
私域流量运营的增长方法论

近几年来，互联网行业依旧保持高速发展趋势，在行业规模扩大的同时，行业内部的竞争情况也变得更加明显，其中一项重要的比拼就是流量方面的争夺。这里我们要介绍的就是流量中私域流量的运营方法。

对于一个私域流量运营者而言，最重要的无非是这几个方面：数据、阵地、流量、用户、资源。它们互相影响、连接，构成了整个运营链。在这一章中，我们主要通过阵地选择、种子用户、数据指标体系、裂变循环以及资源投入等方面，探讨私域流量运营的增长方法论。

8.1 阵地选择：适合自身私域渠道寻找与账号体系建设

在运营私域流量的时候，要首先确定自己的运营阵地。可以通过多种渠道同时运营，形成运营矩阵，但是要确定好哪一个才是最主要的运营阵地。一般来说，私域流量运营阵地都是选择自己熟悉，并且了解运营规则的作为自己私域流量运营的主场。

下面将私域流量阵地选择的方法总结成如图8-1所示的三种方式，供大家参考。

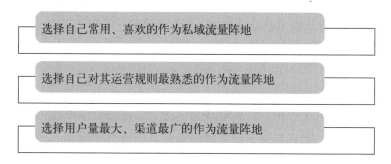

选择自己常用、喜欢的作为私域流量阵地

选择自己对其运营规则最熟悉的作为流量阵地

选择用户量最大、渠道最广的作为流量阵地

图8-1 私域流量阵地选择的三种方法

第一种，选择自己常用、喜欢的作为私域流量阵地。

一般情况下，大多数运营者会选择自己常用或者喜欢的平台作为运营阵地，比如微博、微信等。首先自己常用的平台会有一种亲切感，运营起来也没有那么多的顾忌和拘束，也更了解它的用户和流量热点，方便运营。

第二种，选择自己对其运营规则最熟悉的作为流量阵地。

每个平台都有自己的运营规则，同时，也会对创作者和运营者有一定的优惠政策和有利条件，因此，在选取私域流量阵地的时候，要将每个平台的不同运营规则考虑进去，选择自己最熟悉、最合适的作为主要流量阵地。

第三种，选择用户流量最大、渠道最广的作为流量阵地。

不管是哪个平台，作为私域流量阵地首先要考虑的还是流量大、渠道广。毕竟，要做好运营，首先要有基础的用户群，并且还要有潜在的可发展用户群。因此，首要考虑的还是以微信、微博为主的社交媒介平台，尤其是微信，更适合作为私域流量运营的主要阵地。

综上所述，私域流量阵地的选取要考虑许多方面，很多都可以作为阵地来运营，但是效果最为明显的还是微信个人号。

在确定了私域流量运营的主要阵地之后，就要考虑另一个问题，那就是如何建设一个优质的运营账号。众所周知，拥有一个好的运营账号非常重要，要做好个人账号的装修工作，一个能吸引人的账号才能真正地将所有用户留住。

和每个人的名片一样，社交软件就是每个用户的门面。在尚未彼此认识的时候，一个人的社交软件主页，有着很大的欺骗性，它可以瞬间决定别人对你的第一印象和好感度。所以，做好个人账号的"装修"是所有的运营需事先准备的。现将其简单总结为如图8-2所示的几个关键点。

（1）简单有趣的昵称

① 昵称的字数限制性　昵称的字数不可以毫无限制地随意发挥，字数一定要短、简洁、亲切、易记。昵称不要太复杂，过于繁琐的话会造成隔阂，使人产生厌烦感。德国心理学家艾宾浩斯著名的遗忘曲线显示，人们在最初阶段最容易遗忘，时间过得越久，遗忘的速度会随之减慢。所以，昵称字数要尽量做到少、简、易，这样才能使更多的用户在短时间内记住昵称，从而更多地获得用户关注量。

② 昵称的简洁性　选择的昵称一定要便于拼写，输入方便。这是因为用户如果选择输入昵称的方式添加好友，而昵称过于复杂，甚至到他人难以辨认的地步，会使人产生反感情绪，导致潜在顾客流失。看到复杂的昵称名字，虽然会产生好奇感，但是因为和用户之间的认知并非一致，用户很难会从自己的记忆中再次搜索到相关信息。简洁的昵称，更容易和用户之间建立起潜在的联系性。

③ 昵称的固定性　挑选昵称时一定要具有固定意识，一旦选择就不要轻易更改昵称。昵称就是营销者的脸，通过昵称可以对营销者做出一个最初的

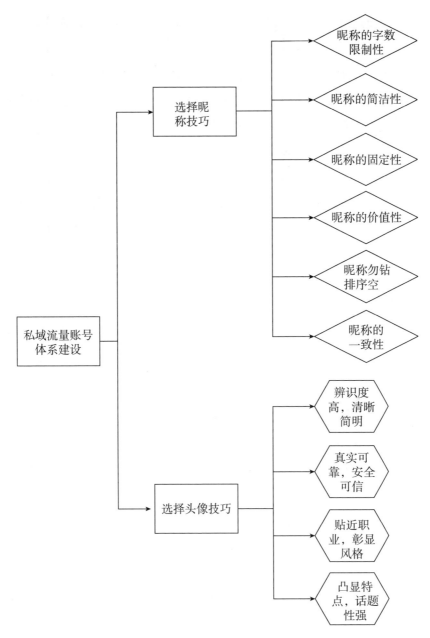

图8-2 私域流量运营的账号体系建设

综合判断。客户花了一定的时间和精力记住了名字，如果个人账号的昵称经常更换，信任度就会随之降低。最可怕的是，如果用户没有给你备注，那么更换昵称后，用户在列表中找到你就会很困难，这就存在失去客户的危险。

④ 昵称的价值性　挑选昵称的时候要注意体现价值，首先应该弄清楚的是，私域流量个人账号主要的目的是进行营销，不是普通意义上的展示和聊天。昵称是展示的第一步，也是他人进行初步了解的第一步。第一印象尤其重要，如果顾客感受到提供的正是他所缺的，那无疑这昵称就会成为吸铁石，吸引住更多真正有需要的消费者关注。建议大家使用"名字＋工作"的模式，最主要的是大方承认自己究竟是干什么的。

⑤ 昵称勿钻排序空　许多通迅录列表都是按照字母顺序排列的，没有谁会喜欢打开列表的时候，看到的只有商品营销。要始终明白，我们要做的是长久的营销生意，不是一锤子买卖后老死不相往来的交易，因此不必在意排在列表的先后顺序。只要你的产品符合用户的需要，无论是A还是Z开头的昵称，用户都会从列表中寻找到你。

⑥ 昵称的一致性　私域账号营销是个人营销的一种途径，当然，途径不是唯一的。如果还有其他营销途径的话，注意昵称要保持一致性。相同的昵称可以增加辨识度，减少人们重新认识的时间，减少再次开发客户的成本。

（2）清晰自然、有辨识度的头像

① 辨识度高，清晰简明　头像要清晰而且还要有高辨识度。除了昵称外，头像也是首先映入用户眼帘，带给顾客第一印象的关键点，头像不清晰，无辨识度，很容易被用户忽略，失去用户。

② 真实可靠，安全可信　头像要给用户安全感、真实感。从微信营销的角度来看，真实、安全对于广大用户是很重要的。为了显示真实性，可以选择自己的照片当作头像。当然，这并非唯一的选择，决定权掌握在商家自己的手中。

③ 贴近职业，彰显风格　头像选择可以尽可能地贴近职业，也就是主营的项目，给用户明确的指导性。运用头像，可以清楚明白地告诉顾客能够提供的产品是什么，减少和用户非必要交流的时间，提高营销的效率。

④ 凸显特点，话题性强　头像也可以选择凸显产品独有的特点，利用独特性吸引用户的关注。如果产品的独特性不太明显，那么可以选择制造话题的方式来吸引用户。选择话题性的头像时，要注意贴合主要用户群体的特

点，但最主要的是一定不要脱离营销的产品，不要本末倒置。

和其他的营销方式一样，私域流量账号营销，最重要的是"内容+运营"。

8.2 种子用户：获取私域流量种子用户的四种方法

在有了私域流量运营账号之后，就需要开始准备运营了。对于运营，最重要的一点就是用户。而用户与用户之间也有区别，运营者不仅要吸引用户，更要吸引种子用户。种子用户，顾名思义是指像种子一样，在挖掘用户方面，具有成长空间和发展前景的用户，他们的优势是可以发展新的用户。这类用户，无论在什么领域，都是运营者的核心用户。

私域流量运营种子用户的获取，基本上是通过运营技巧引流，或者由普通用户转化来的。种子用户作为更有价值的用户群体，其特性一般都是年轻化、有消费能力、有自己的生活方式和兴趣爱好，并且对运营内容关心。如图8-3所示的四种引流方式，是运营者获取私域流量种子用户的常见方式。

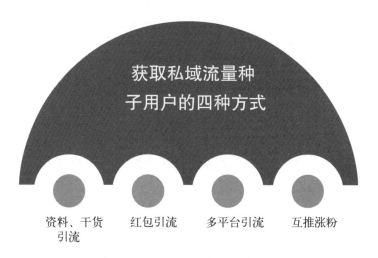

图8-3 获取私域流量种子用户的四种方式

（1）资料、干货引流

只有优质的内容才可以有效进行资料、干货的引流，读这样的内容可以让人有所感触，有所体会，这样读者才愿意花费时间去读完文字。无论在什么样的情况下，一个有质量的内容，永远比只有华丽的外壳要吸引人。私域流量想要做好营销，就要将这一点体现得近乎完美。内容的原创性、趣味性、多样性……种种条件一样都不能少，这样才是读者愿意阅读的有价值的文字。

针对营销者所处领域，私域流量营销的内容应当更具专业性，言之有理、言之有据、言之有物。用户只有看到自己感兴趣，并且能够有所收获的时候才会为你的营销买单，成为真正的忠实用户和种子用户，从而真正达成营销目的。一些小知识、经验和感悟都是用户喜欢看到的内容，也可以作为用来引流的常备资料和干货。

资料、干货引流要注意分析用户需求，掌握用户急需了解的知识，紧随时代发展的趋势和潮流，并且要不断完善自己，学会成长，和用户共同进步。准备用来引流的资料和干货应当是用心总结的，并且是真正能起到作用的，而不是为了引流而胡乱拼凑的，甚至照搬照抄的。没有真诚和信任的引流，毫无用处。

（2）红包引流

这一引流方式不拘泥于线上线下的限制，是最常见的引流方式。线上的红包引流一般是发红包、抽奖等，可以用于多个平台；线下常见的红包引流则一般是地推、集会时的抽奖、趣味竞答或者小游戏奖品等，但是线下引流的效果有时未必明显。

现在，许多人越来越喜欢社交，不仅利用网上的社交平台，还经常在线下组织一些集会和聚会，甚至是文化宣讲之类的可以进行社交和学习的活动。这样一来，就方便了私域流量营销对线下的引流。引流分三个步骤。首先，去人多的地方引流。只要是人多的地方，无论是线上还是线下，都可以起到引流的作用。其次，提供有价值的产品引导或者是服务，这一点也是线上线下都可以使用的引流的好方法。最后，在引流活动结束后进行用户沉淀，这是将潜在用户转化成为固定用户的手段。

（3）多平台引流

在互联网越来越发达的今天，人们的社交活动大部分时候是在网上进行的，再加上人们日常生活中的时间越来越碎片化，越来越多的可供人们社交的平台出现了。随着这些平台的诞生和发展，流量红利也随之增多，虽然有部分重合的迹象，但总还有新的用户出现。对于这一现象，私域流量账号营销可以采取多平台引流的方法来吸引用户。

具有社交功能的平台有很多，微博这样的社交媒体是一种；各大视频网站是一种；甚至现在诞生了不少专门的交友软件，这也是一种。对于同一类软件平台，每个人都有自己习惯使用的应用软件，很少有人会在所有的同类应用软件上都注册账号，因此，多平台引流在一定程度上也避免了客流重合的麻烦。

社交引流一般是指知乎或是微博、微信、QQ、网易这样的社交媒体或是平台上的引流活动。这种平台的引流活动相对来讲也是很容易进行的。比如微博，只要彼此之间有相同的喜好和关注对象，其他用户就有可能被吸引，成为你的粉丝。而且微博的限制也不多，可以单方面地关注，还可以连带关注。只要是和你好友列表相关的，它都有可能给你推送消息。而且这种平台的粉丝一般活跃度都相当高，即使一天只能吸引10个用户，时间久了也依然可能带来相当可观的营销扩张。

而对于百家号、今日头条这样的平台来讲，引流可能会略微困难一些，并不是它的客流不足，而是他们这样的引流需要知识储备和写作技能作为依托，同时，这样的平台也不能在评论中留下明显的联系方式和信息。

（4）互推涨粉

在微信营销大行其道的时候，互推涨粉的方式也被各大公众号大肆运用。互推涨粉的操作是基于微信系统自身资源，利用公众号平台，两个及多个公众号之间通过原文转载、互相推荐等方法进行资源互换的过程。

互推是私域流量账号最有效，同时也是性价比最高的涨粉方式之一，私域流量账号所采取的互相推荐等方式消耗的资源很少，却可以达到不错的涨粉效果。但这一方式要求公众号自身拥有坚实的粉丝基础，否则就要付出一些其他的资源代价，才能顺利地完成私域流量账号之间的流量共享和交换。

互推涨粉有一定的要求，私域流量账号的基础粉丝数量要达到1万以上，不然与其他公众号之间的互推可能没有用户增长，营销也就丝毫没有效果。私域流量账号推送的内容点击量与阅读数量低，达不到既定的传播效果，这样一来，整体的推广效果也就不理想。

而如果私域流量账号粉丝数目略少，但是粉丝活跃度高，这样的公众号与其他账户之间的互推涨粉是会有效果的。因此，再次强调，要想做好互推涨粉，首先需要有良好的粉丝基础和活跃度。另外，互推涨粉这一方式类似于走捷径，但是天下没有白吃的午餐，捷径也并没有那么好走。

私域流量账号的种子用户，对于整体营销活动而言，都起着极大的作用。他们在作为目标用户群的同时还可以吸收并转化另外的用户群体，甚至还有新的种子用户，这对于营销活动而言无疑是最理想的。因此，私域流量账户运营要时刻注意种子用户的增长和转化。

8.3 细化运营：如何构建私域流量池的数据指标体系

私域流量池，顾名思义是指可随时触达、专属于自己、沉淀于自身公众号和自媒体平台中的用户群。这些私域流量是可以免费并且重复利用的，对于运营人员而言，拥有属于自己的流量池是一件特别开心并且值得骄傲的事情，它可以帮助我们更轻松地进行运营工作。当然，这个私域流量池也是要用心维护的。

私域流量运营和其他方向的运营一样，是以数据、市场为主，在报表和数据之间挣扎摸索。我们将构建私域流量池的数据指标体系进行简单的总结，最主要的是如图8-4所示的五大数据指标。

私域流量运营实战：
用户沉淀+商业变现+风险规避

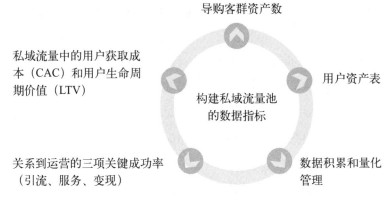

图8-4　构建私域流量池的五大数据指标

（1）导购客群资产数

导购客群资产数是现今每个从事导购行业的人最关心的数据，它不仅关系到公司的销售信息和销售额，还关系到个人的交易成功率和交易额。这个数据指的是每位导购手中的私域流量池大小，它统计的是导购能够直接触达到的客户数量。

通过私域流量来获取客户是现在市场的总体趋势，主要是因为这种方式的获客成本和前期投入较低。并且，私域流量中的用户意向较为明确，不需要很多的推销和成本。私域方式能使品牌更快地和消费者建立高效便捷的联系和信任关系，能更好地促进消费者向种子用户转化，实现营销目标。

这一数据通常会涉及一个公式：导购私域业绩=导购客群资产数×营销传递率×场景转化率×客单价。从这一公式就可以看出，该数据展现的是导购们的营销水准和维系客户的能力。这项数据在运营者的数据库中一般变化不大，可能会有小幅度增减，但大部分时候增减幅度趋于稳定。前期是发展期；中期的数据会有增长或减少；到了后期，就进入稳定期，数据平稳增长，但涨幅较小。

（2）用户资产表

以往在研究一家公司时，都会看该公司的资产负债表、利润表以及现金流量表，可以说这三个报表是对公司最重要的。而对于运营者而言，除了这三张报表，排在第四位的重要报表就是公司的用户资产表。这个报表决定公司的整体运营状况，同时也决定公司未来的运营方向，以及发展利润和空间，其重要性不言而喻。

用户资产表记录不同用户的身份属性、往来意愿、交互行为和感知习惯，主要用数据体现用户的不同资产分布和价值。以资产表的形式将用户划分，以便选择最佳种子用户，方便运营者对用户进行管理和维护。这也体现出现代公司的业务数据化、数据资产化和应用价值化正在朝大数据应用的方向转变的趋势，这样的趋势也时刻提醒公司在提高决策的科学性、优化生产流程的时候，要善于运用这些细分数据。事实证明，它们是可以为企业的发展插上翅膀的。

公司在进行私域流量池构建的同时，利用用户资产表加快对自身资源的管理，可以快速形成私域流量的闭环。将自身数据进行沉淀、整合和串联，并将这些看似零散的数据整理成可供利用的数据库，快速投入营销的实际应用当中，并且为公司重新赋能，激发新的活力。

（3）数据积累和量化管理

一个公司的成功运营，离不开数据积累和量化管理，私域流量更是如此。在数字化进程加快的现今，私域流量也是公司的一项重要资产，它也需要长时间的数据积累，需要更加精细的量化管理。在私域流量的运营过程中，实际运营成果和早期模型的比较总结是非常重要的一项工作，它可以让我们快速地发现问题，并且有针对性地进行优化和解决。

数据积累是个漫长的过程，不是一朝一夕可以实现的。每一个数据都是公司重要的资产和苦心，需要用心地经营和维护。数据积累应该是每个公司运营时需要格外重视的部分，需要及时更新和长久维护。数据整合非常枯燥，但要求整合者必须仔细，最后给决策者呈现的结果必须完整，并且不能出现漏洞。

私域流量的量化管理则要求精细精准，数据的拆分、管理都要以最小的单位来进行量化统筹，比如精确到每一个用户。在整个管理过程中，要将私域流量的管理策略尽可能与现实靠拢，并且在现有问题中找到优化方向，做出有针对性的方案调整，以此进行自身业务的改革和创新。

（4）关系到运营的三项关键成功率

私营流量运营要注意三个成功率，分别是引流成功率、服务成功率以及变现成功率。这三个成功率关系到运营是否成功，运营方向和策略是否需要进行调整。

引流成功率，是指在私域流量运营构成中，单次的新增获客量在用户数量中的比重，引流成功率越高，证明运营效果越好。引流成功率要求运营者和品牌公司在私域流量运营中拥有自己的业务场景，并且有合适的欢迎礼和见面礼。运营者和品牌公司要证明自身对于用户是有意义、有价值的，并且这种价值不会随着时间减弱。最好的提高引流成功率的方式就是建立与用户之间的信任关系，减少用户的被迫感和被骗感。

服务成功率，是指在整个运营过程中提供的服务让消费者满意的比率。这同时也是在强调运营和营销过程中，一个合适舒服的信任关系建立的重要性和必要性。让消费者满意的服务可以加快彼此之间关系的建立，同时反过来促使运营和营销过程中的服务升级。私域流量运营要求品牌和公司坚持服务售前化、服务在线化，更重要的是服务免费化。

变现成功率，是指用户在整个运营销售过程中的转变和用户数量的比例。在实现成功引流和服务成功之后，变现成功的概率是非常大的。通常情况下，私域流量运营的变现成功有以下的几种实现模式："企业微信+VIP服务群""企业微信+直播""企业微信+文章""企业微信+社群"以及"企业微信+资料"。只要能实现订单转化，运用形式并不重要。

（5）私域流量中的CAC和LTV

CAC，是指用户获取成本。LTV，是指用户生命周期价值。这两个数据也是运营者非常重要的参考数据。这关系到运营是否成功，是否可持续。一般来说，可持续的品牌运营会坚持私域与公域相结合的方式，而不会一味坚持私域运营。当运营结果呈现LTV＞CAC的时候，证明运营是成功的，并且是一次可持续的运营。

以上就是细化运营的方式。构建完整的私域流量池数据体系，持续关注私域流量池的关键数据指标，将其应用到实际运营中，总结经验，优化运营效果，实现收益的持续增长。

8.4　快速裂变：私域流量裂变增长过程中的PDCA循环

随着互联网行业的飞速发展，无论是哪个行业，相信所有的运营者对裂变营销都不会陌生。裂变营销是一种非常方便、快速且影响范围广泛的营销模式，它的优点主要体现在"病毒式"增长的裂变效应上。

裂变营销很多人都知道，也都在使用，但是什么才是真正有效的快速裂变呢？下面笔者给大家介绍一种新的快速裂变的方式，就是将质量管理中的PDCA循环和裂变营销结合在一起，实现快速、有效、漏洞少的私域流量裂变增长。在这之前，先来简单介绍一下PDCA循环。

在质量管理中，最早的PDCA循环，指的是计划、执行、检查、处理的循环过程。现在，PDCA循环随着发展有了不同的解释。下面主要介绍现代管理中的PDCA循环，如图8-5所示。

图8-5　现代管理中的PDCA循环

P：计划（plan），包括目标（goal）、实施计划（plan）和预算（budget）三个环节。

D：设计方案和布局（design）。

C：4C，其中包括检查（check）、沟通（communicate）、清理（clean）

以及控制（control）。

A：2A。其中包括执行（act）和目标（aim）。主要指按照目标要求进行，对现状进行改善并且提高水平。

在了解PDCA循环的定义之后，我们来了解一下要如何进行快速裂变营销，以及如何实现裂变营销中的PDCA循环。

首先是P环节，制订计划。在进行私域流量的裂变营销时，我们首先要确定裂变营销的营销目标、简单计划和整体预算的估计。简单地说，就是前期的准备工作。

（1）洞察用户需求

要做好裂变营销，最关键的是要精准洞察目标用户群体痛点。根据用户数据提炼其潜在需求，并且针对用户遇到的问题给出相应合理的解决方案。这就是说，运营者需要针对自己的目标用户，找到一个可以吸引他们关注的吸引点。而这个吸引点不能是大群体范围提炼出的，它需要细化至每个小的用户群体，这样才能避免由于吸引点针对范围太广而无法真正有效引流的问题。

（2）确定起始推广渠道

裂变营销需要有一个基础庞大的起始推广渠道，也就是说，裂变营销不仅仅是有私域流量账号就可以实现。裂变营销在一定程度上是熟人和朋友之间的营销手段。私域流量账号想要粉丝裂变能有好的效果，那就一定要在推广之前就准备好一定的粉丝基础，有一个良好的推广渠道。这个渠道可以是积累下来的社群、微信群，可以是通过其他方式认识的熟人，甚至是同行或者公众号之间的合作互推，或是付费推广……但是渠道要是单一的精准渠道。

（3）预算成本低

简单的裂变营销不需要任何广告费用，它只需要事先选择好种子用户，并且自行设定一个裂变流程，而后，在早已准备好的裂变流程之中，它自己就可以不断发展。整个裂变营销的预算取决于运营者期望的运营效果和裂变规模，但总体来说，裂变营销的前期投入算是最少的。

在完成P阶段的部署之后，接下来就进入D阶段的筹备了。在这一阶段，运营者主要需要将前期准备落实在策划方案中，并开始简单布局。在这一阶段中，最重要的就是海报设计。公众号营销的文案和海报是最影响裂变营销效果的因素。一个精致的海报和高质量的文案是吸引用户变成粉丝的关键。海报的作用主要是引导用户转发文案，使营销效果最大化。

在裂变营销过程中，用户的转发是至关重要的一环，也是整个裂变营销活动坚持下去的必要条件。这个时候，一个条理清晰、说服力强的引导转发文案是必不可少的。引导转发文案的撰写其实都差不多，主要可以包含以下四点内容。

a.用简洁的语言介绍活动和产品，切记要再一次谈及用户的兴趣点，并且尽可能地给他们留下深刻印象。

b.将转发作为一个任务发布，用户为了得到他们的兴趣点，就会参与转发活动。可以强调不转发就无法得到目标奖品之类的。

c.强调稀缺性，让用户有一种紧张感。

d.帮用户提前准备好转发文案。

这样一来，即使是以任务形式发布，用户也只需要动动手指，这会增加用户转发的主动性，也有利于转发数目的增长，从而达到更好的裂变营销效果。

大多数裂变营销都利用社交关系裂变，这一营销方式事实上是利用运营者的朋友圈和社交人脉网，它是在运营者已经拥有的粉丝基础上，开展的额外滚雪球式的增粉活动。这一点，也是在D阶段运营者考虑之中的。在前期筹备和策划布局阶段，运营者需要将整体裂变营销活动亮点提前透露，吸引人们视线，提前做好活动造势。

C阶段是整个循环中重要的组成部分，是沟通落实好整个方案的前提。运营者需要对上述的策划整体重新考虑，在正式执行之前找出漏洞，并针对方案再次调研、沟通，争取将问题全部找出来，解决掉，将执行时的麻烦控制并降到最小。这一环节，考验品牌企业整体的团结协作水平，要团队齐心协力达到目标，尽可能将整个方案完成到最好。

最后的A环节是整体运营营销环节中的重头戏，也是整体实施执行的环节。设想终究只是设想，成功与否还要通过实践证明。私域流量裂变营销整体方案能否成功，整个环节的漏洞有没有修补完成，都需要通过实施环节来验证。

在这一环节中，不仅是对整体方案的验证，也是通过方案的实施程度寻找新的问题，不断完善方案。总结实施过程中的优缺点，对遇到的问题进行解决并避免其出现在下一个方案中。A阶段是整个PDCA循环的结束，同时也是下一个PDCA循环的开始。

不仅私域流量，每个营销活动中的裂变传播都是如此，它本来就是一种持续时间非常长的营销手段。只要保证营销者策划的裂变流程没有问题，营销文案是可以被认可和接受的，那么它将会持续不断地进行下去。这个时候，除非意外因素干扰，否则，该营销模式不会主动停止。

每一个私域流量账号运营者身边都会有既定的朋友圈，裂变营销每次发动都会以熟人和朋友作为传播对象，可以影响不少好友，而好友也会通过自己的朋友圈裂变营销，又会传播给其他圈子的人。

8.5　资源投入：私域流量ROI计算与是否持续投入资源

在讨论私域流量是否有发展空间，是否值得持续投入资源之前，我们需要了解私域流量的ROI。ROI在每个行业都非常重要，它计算简单，同时反映问题较为准确，因此是企业的主要参考数据。

ROI指的是投资回报率。它的计算公式是：（年利润或年均利润/投资总额）×100%。在大多数情况下，企业ROI具有时效性。大多数企业都是通过降低销售成本的方式提高利润率，而后提高资产利用效率，在此基础上提高投资回报率。

而私域流量运营的转化路径以用户为中心，这与大多数公域流量的转化是不一样的。流量营销时代考虑的是流量，私域流量用户的体验和LTV远远重要于其他数据。私域流量的整体转化过程需要多次互动完善，才能实现最后变现，而不能只看短期成交情况。因为私域流量考虑的是未来，而不仅仅是一次转化。

在私域流量运营过程中，简单地把用户拉入私域，而不进行任何运营营销活动就能有所收获是不现实的。现在的用户在意体验感，在乎服务，盲目消费和冲动消费变得越来越少。特别是品牌知名度较低，或者服务尚有漏洞，客单价又相对较高的产品更是如此。在现在的市场上，要想受到用户认可，服务、品牌、产品缺一不可。

私域流量商业底层逻辑与众不同，只要"投资回报率大于1"时就可以追加投入。这是在说私域流量用户终身价值＞获客成本数据，它体现的是私域流量引流成本较少。只要数据结果呈现RIO＞1，私域流量运营就能成功，就有可能带来可观的收益盈利。

在私域流量运营时，针对其ROI数据要注意如图8-6所示的七点问题。只要注意这些，RIO数据就会有明显增长，私域流量运营就能顺利进行，并且取得可观的结果。

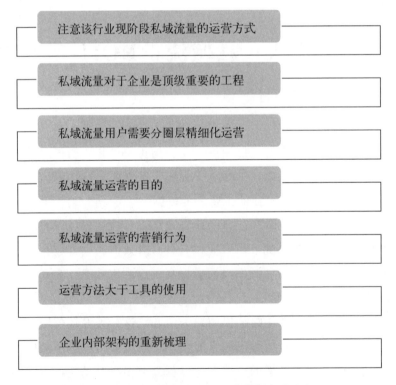

图8-6　私域流量影响RIO数据的七个方向

私域流量运营实战：
用户沉淀＋商业变现＋风险规避

（1）注意该行业现阶段私域流量的运营方式

不同的行业有不同的营销运营模式，私域流量运营并不是所有的运营方式都适用，也不是所有的主流运营方式都能支持全行业私域流量运营落地。不同问题不同分析，针对自身行业痛点，对症下药，这才是最佳方式。不同行业私域流量运营模式各不相同，主要还是取决于行业的用户特性。私域流量运营应该以提供优质服务和产品为主，辅以有针对性的运营策略。没有什么人是真诚、负责打动不了的，什么运营策略都比不上真诚、贴心和负责。

（2）私域流量对于企业是顶级重要的工程

运营私域流量需要很多前期工作，它的重要程度相当于企业中的顶级重要的工程。私域流量池的建设不是一朝一夕的事情，它仿佛拥有一套完整的建筑公式，整个私域工程包括很多方面，需要消耗很长时间。它不仅仅是引流这么简单，而是包括了触点建设、内容建设以及数据建设三个方面。所以说，只要下决心发展私域流量，就要用心去运营它，否则就不要轻易尝试。

（3）私域流量用户需要分圈层精细化运营

私域流量运营需要利用大数据分析技术，围绕用户和消费者的支付数据，对其进行采集、分析，定制精准营销运营方式。合理运用用户画像分析，可以帮助私域流量运营者挖掘出种子用户的行为习惯、兴趣和偏好等，并通过这些数据细分客户群体，为私域流量运营者找到能带来高价值的关键客户群，并且有针对性地提供服务、构建场景。这样一来，品牌会员体验就可以更顺畅，应用场景就可以更丰富。私域流量的运营者，也可以借此对用户加强管理，方便维护和发展新客户。

（4）私域流量运营的目的

私域流量运营的目的是用户。因此，所有的目标都要满足市场需求和用户需要。马斯洛将人们的需求由低等到高等分为五种层次的需求。第一层是生理需要，第二层是安全需要，第三层是情感和归属需要，第四层是尊重需要，最高一层则是自我需要。现在很多用户都有较高级别的需求，他们更加注重商品的质量与内涵，更注重礼貌、人性化的服务，因此，私域流量营销理应更加强调产品和服务，建立品牌温度，增加用户黏性。

（5）私域流量运营的营销行为

私域流量运营，主要目的是销售，推出自家产品和服务，它更像是销售营销，而并非单纯的客服行为。因此，将用户单纯加进私域账号的行为毫无用处。用户需要的是运营者贴心真诚的服务和介绍，而不是被动地解决问题，这样只能打消用户的积极性，降低好感。当然，和传统销售不同，私域流量运营者不需要时时刻刻盯着消费者不放，否则也会使消费者感到厌烦。恰到好处的运营态度和频率，才是受用户青睐的关键。

（6）运营方法大于工具的使用

对于私域流量运营者而言，运营工具可以起到一定的作用，但是只能解决少数问题，最重要的还是适当的运营方式和方法。互联网营销时代需要工具，但同时更需要温度。不会使用工具，会被时代淘汰，但太过于借助工具，则会被用户淘汰。

创造"人设"也是运营常用的营销手段之一，但这个方式有一定的风险，"翻车"的"人设"给了大家警示，"人设"还是要贴近现实。不过不管营销手法怎么变，优质的服务和内容才是用户转化和私域流量引流的关键点。将私域流量与电子商务和传统店铺的数据连接起来，建立完善合法的分销裂变机制，才是企业的最终目的。

（7）企业内部架构的重新梳理

私域流量运营会与时俱进，引进新的形式和资源，这个时候就要求企业针对新的现状对自身进行重新整合，尤其是企业的内部架构。企业的组织结构和资源分布都应该因时而变，否则容易引起利益冲突，从而形成严重的组织壁垒，影响企业的经营发展。

以上就是私域流量的RIO计算以及注意事项。私域流量在未来的一段时间都会是发展的重点，品牌企业希望扩大运营，可以尝试采取"私域+公域"的模式运营。不同行业可以根据自身的发展情况来决定是否投入大量资金进行私域流量的运营。私域流量是一个值得深入探索的领域，如果有余力可以尝试。

私域流量运营实战：
用户沉淀＋商业变现＋风险规避

8.6 【案例】完美日记从诞生到上市的快速增长过程

完美日记是一家发展速度很快的企业，并且势头强劲。其实，完美日记早在2017年就已经在网络上线了，2017年7月开始的那段上线时间，应该是完美日记最难熬的一段时间。那时在天猫旗舰店刚上线的完美日记，并不像现在这样有很高的销售量和增长势头。开展了几个月的时间，完美日记的销售量持续低迷，几个优惠活动后也一直没什么起色。

2018年2月，则是完美日记营销的一次转折点。那时，完美日记冒险采取与众不同的方式将小红书作为重点营销渠道。这一决定让很多人都大跌眼镜，但完美日记就这样开始了新一轮的运营，甚至加大了资源和物料的投放力度。这一决定在大众看来简直就是"烧坏了脑袋"。有的人可能不太理解，那时候的小红书究竟有多不为人知呢？如果没有明星的转型试水，失去明星效应的小红书将依旧毫无水花。然而事实证明，完美日记的决策没有错，在这一轮营销之后，完美日记的销量有了明显的增长，并且开始快速攀升。

完美日记的销售增长是依靠口红这样的单一产品获取的，这在当时可以说是个意外之喜。不仅如此，完美日记靠单一产品在单一平台上运营是个非常大胆的尝试，因为小红书这样的单一平台风险极大；而且即便是运营成功，也仍旧不能保证能保持长期稳定的经营。但是完美日记成功坚持了下来，而且令人没有想到的是，它仅凭借单一产品，在单一平台就占据了可观的市场。

现如今，完美日记在美妆市场上已经走红了很多年。与其他的美妆品牌相比，完美日记的优势在于它的渠道和运营模式。其实在继小红书之后，完美日记依旧秉持着不走寻常路的理念，以强势的姿态立即抢占了私域流量和直播，成了首位"吃螃蟹"的人。完美日记的成功秘诀，可以总结成"长远的目光和足够果敢、智慧的胆量"。

关于完美日记营销运营的成功，其相关负责人给出过答案，按照他们的说法，可以总结成：内容即产品。

当时完美日记的工作团队对很多平台进行了考察，在多轮比较之下，综合各种因素，最终选择了名不见经传的小红书。除了性价比之外，完美日记团队还发现小红书的平台在当时有些超前性。小红书的性质有些像社交软件，很多用户会晒生活习惯，记录和分享自己的生活。不少用户会在平台上发布美妆测评，这恰巧适合美妆品牌的营销。

完美日记认真调研了用户在小红书上发布的美妆测评，发现测评反响非常好。这就是完美日记在小红书平台上开展运营营销的开端。他们意识到彩妆品类的特殊性，营销方式应当以内容营销为主。于是完美日记确定了在当时较为超前的"以产品作为内容营销的主角"的理念，并且采取内容产品相互驱动和合作的模式扩大品牌的运营营销。

当时的完美日记不仅采取线上和线下结合的销售方式，还多渠道引导用户。首先发展了私域流量，引导用户加企业微信和导购微信。凡是完美日记的品牌会员，都有特别的礼遇和优待。不仅如此，在天猫旗舰店的完美日记顾客，经常会收到返现红包；完美日记线下实体门店的顾客，也会在品牌活动的时候领到小礼品。

完美日记的运营模式与众不同，它强调温度。完美日记的工作人员开玩笑说，完美日记是劳动密集型品牌，他们的运营从来不用工具。

完美日记将自己的运营服务实质化，品牌同用户交朋友，尊重用户，不仅有专业、有温度，产品还优质。这种不定时给用户送福利的品牌，怎么会抓不住用户的心？所以，其实品牌运营有一定的技巧，不需要全方位都完美无缺，那样不真实，也没有人情味。想要抓住用户的心，只需要尊重人、真诚，做出与其他品牌相区别的优势，有不可取代的地方就可以了。

在完美日记的概念中，直播不仅是消费者投资和销售商品的完美渠道，也是与消费者沟通的完美渠道。因此，在2017年完美日记一上线就开启了自己的直播间，开始时只有自己品牌员工，后来加入了明星和网红。全渠道营销并不是完美日记优于同类产品的全部原因。他们深知，如果完美日记想摆脱网络爆款转瞬即逝的周期率，应该有自己优势，足以使用户不断回购。一开始，完美日记在最初的发布会上，以划算、便宜作为卖点，经常提到的宣传词语是国货之光、大牌平替。之后，完美日记则倾向继续推出新产品，让用户有选择余地，多次购买。彩妆的研发与护肤品研发不太相同，护肤品市场更新通常需要一年甚至更多的时间，彩妆品每半年更新一次，小类、小项目甚至2～3个月就更新。完美日记在这一点上速度更快，基本保持每月上新，并且每次上新5件以上。

完美日记在私域流量运营中，除了品牌创新快、有竞争力之外，还热衷于给品牌赋予内涵。这其实是非常正确的想法，品牌本身就有价值，有故事、有历史的品牌可以卖出溢价，这是品牌内涵带来的价值。对于现在这个阶段而言，完美日记为国产品牌提了醒，国产品牌的难点之一就在于打造品牌内涵和文化方面相对薄弱。

完美日记标榜国货之光，所以一直有意识地突出个性化的品牌，尤其是中国色彩。无论是与探险家合作推出的眼影盘，还是和《中国国家地理》联名，共同推出的十六色眼影盘，都彰显了中国特色。而完美日记从上市以来，以国际化为卖点的系列产品，还曾参加过国际时装周。

这看起来十分矛盾，但实际上，完美日记创始团队并不局限于中国化与国际化，他们想赋予品牌的内涵远超过这些，"美不设限"才是他们真正想传达的。完美日记的这一理念，简称为"对美的追求没有终止"。但是大部分人对完美日记的品牌印象都是年轻、国货、国际。或许是完美日记原本的品牌含义太过抽象，很难给大家展示出来。

除此之外，完美日记还涉及多品牌战略。由于化妆品品牌的调性和品类限制，几乎所有化妆品品牌都会遇到局限，无论是用户群体还是产品市场，国外化妆品集团为了真正突破规模和现有的行业瓶颈，采取了很多种方式，但最有效的就是品牌矩阵，完美日记在这种情况下，打造的"完子心选"子品牌，也取得了成功。

首先开展私域流量的完美日记，能够发展到今天的地步靠的并非一时的营销手段，而在当下，它需要考虑的是，如何从一时的爆款转为长久的品牌。

第9章

流量变现：
私域流量进行商业变现的多种方式

现在无论是线上还是线下，无论是流量营销还是实体销售，所有的商业模式都一样，其最终目的和核心目的只有一个——销售。无论用什么形式，售卖什么产品和服务，最终都是为了将自己的产品转化成现金收益，只要能卖出去，就达到了目的。私域流量营销也是如此，最终目的也是流量变现。

9.1 核心指标：比成交额更重要的是复购率

很多时候，品牌企业在衡量自己产品的时候总会关注成交额，仿佛成交额就代表了一切。其实不然，成交额高只是代表该产品一时风靡，无法证明该产品在消费者心中的长久地位。这个时候，一个重要的指标就出现了，它就是产品的复购率。它是可以真实体现产品市场认可度的数据。

对于品牌营销而言，私域流量运营的一个核心指标是产品的复购率。无论是什么行业，也无论是什么产品，复购率代表的是该品牌企业提供的产品和服务在市场上的接受度和认可度。只有自己的产品和服务被人认可了，才可能有大规模和高频次的复购。复购率越高，证明品牌产品和服务的接受度越高，市场比重越大。

复购率不仅体现产品的市场认可度，还在一定程度体现用户的留存率。近些年来，随着互联网蓬勃发展，各种营销方式层出不穷，私域流量运营竞争越来越大，网络流量成本、营销成本和引流成本越来越高。在这种情况下，私域流量运营注重提升用户留存率和复购率非常重要。但要注意一点，用户留存率与复购率并不是一回事，二者天差地别，用户留存率决定复购率，但绝不能直接算进复购率。

和其他行业数据一样，私域流量产品复购率的计算公式也很简单，即（产品的重复购买数÷总购买数）×100%。但是要注意，产品复购率有时效性和独一性，因为各品牌自身的产品统计周期不太一致，因此产品复购率的计算标准并不相同，统计周期单位可以是天、周、月，甚至是年。因此，在大多数情况下，产品复购率只是公司自己参考完善产品的重要指标。

私域流量运营者在统计产品复购率的时候，有几个数据也是要注意的，它们都是影响产品复购率的数据。将其总结为如表9-1所示，供大家参考。

在了解影响产品复购率的几组数据之后，我们也要仔细思考一下为什么会出现产品复购率低的现象。许多品牌商家并不了解自己的产品为什么得不到消费者和市场的青睐，运营和营销也因此做了许多无用功。

表 9-1　影响产品复购率的几个数据

影响产品复购率的几个数据	重复购买数：对该产品有消费行为的用户，再次进行重复购买的用户数量
	总购买数：对该产品有消费行为的用户总数
	次月复购率：上个月生单的用户中在这个月继续产生订单的用户数量÷该产品上个月生单的用户数量
	次两月复购率：前两个月生单的用户中在这个月继续产生订单的用户数量÷该产品前两个月生单的用户数量
	次季度复购率：上季度生单的用户中在本季度继续产生订单的用户数量÷该产品上季度生单的用户数量
	多单用户复购率：继续进行购买的用户数量÷该产品有购买多单的用户数量

　　下面总结了如图 9-1 所示的几种导致产品复购率低的原因，供私域流量运营的品牌企业和运营者参考。同时我们也总结了简单的应对方法，帮助品牌企业尽量避免自身产品和服务出现以下几种情况。

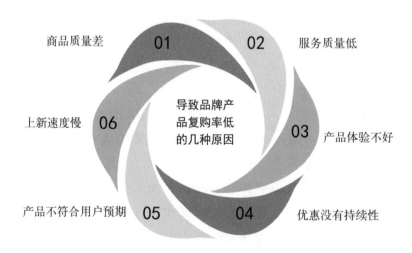

图 9-1　导致品牌产品复购率低的几种原因

（1）商品质量差

商品质量差是常见的导致品牌产品复购率低的原因，比如服装品牌生产的服装尺码不准、原料不合格且不安全、服装掉色、产品存在明显的瑕疵等都可以归纳为商品质量问题。质量问题可大可小，有的问题可以被忽视和容忍，但大部分都不应该出现。品牌应当更加重视自己的产品质量，因为产品质量是品牌企业的基本，质量问题造成的客户流失，基本都是信任危机，很难弥补和挽回。

产品质量问题说难不难，只要仔细、认真基本都能解决。推荐使用前面说到的PDCA循环进行产品质检。检验环节应当多次进行，检验后再交付，甚至交付后也应当进行产品抽验和跟检。增加检验流程，检验更严格一点，虽然有时间、人工等成本的投入，但总比失去市场信任要好得多。

（2）服务质量低

产品服务质量也是消费者产生怨言，造成产品复购率低的原因之一。无论产品是否令人满意，服务绝对占消费者对品牌印象中的第一条。这里说的服务包括售前、销售和售后的整个过程，除了常被提及的直接面对顾客的服务态度差外，产品快递包装破损、退换货找借口、发货拖拉不及时、物流配送慢、产品配送错漏、产品附加隐性费用、强买强卖等都可以归属为服务漏洞。

针对这种情况，品牌企业应当加强管理和培训，强调客服人员和相关人员的相关职业要求和职业道德，加强员工的服务意识；着力建设有温度、有情感的品牌，加强自身服务，打造专属场景；建立追责制度，同时奖励优秀员工，做到奖惩分明，提升品牌所提供的整体服务质量，让消费者有宾至如归的感觉。

（3）产品体验不好

产品的体验感不好也是广大消费者不再复购产品的理由之一，没有人愿意为一次不好的体验买单。互联网相关产品和私域流量用户最容易获得不好的产品体验，产品体验感差包括产品设计存在问题、产品画面卡顿、页面加载时间长、网络闪退、商品参数展示不完整等。产品相关评论数过少也容易导致用户的产品体验感不好，客户会对产品产生质疑，主观认定产品存在问题。

就产品体验感不好的问题，品牌企业可以在产品上线之前多做测试，从测试结果中总结问题并且进行优化。产品测试范围要广，要考虑到各种问题，并且在产品上线后，要及时关注产品评价，定期做市场调查，并根据结果优化产品。

（4）优惠没有持续性

品牌优惠没有持续性，是消费者拒绝重复购买的一大理由。大部分消费者都期望自己买到性价比最高的产品，因此，品牌的优惠政策如果不合理，就会失去一部分对价格十分敏感的用户。

品牌可以不提供大力度的优惠，但是优惠一定要持续较长一段时间。如果担心用户的消费欲望减弱，可以准备不同的优惠方式用来替换或者选择。但是一定要提供有持续性的优惠方案，不能消费者想复购的时候就没有优惠了，那样消费者会觉得自己被骗了。

（5）产品不符合用户预期

用户预期也是影响产品复购率的因素之一。企业想要抓住用户预期是一件很难的事情，大部分用户的想法和品牌不一样，用户期望品牌会有这样的产品，但是发现并没有，这样就会给用户造成心理落差。甚至品牌在营销时使用的广告语，也会给用户造成误解，有的用户心理预期过高，对产品产生了太大的期待感，结果发现并不是这样时，就会放弃产品。

避免品牌产品不符合用户预期的方式有很多，最简单的就是在营销和运营时实事求是，可以美化，但不能过分夸大。前期要做好市场调研，彻底了解用户心理，产品的功效和性能要最大化地贴近用户需求。

（6）上新速度慢

品牌产品快速上新和更新换代是增加消费者复购率的最好方式。商品相当于品牌公司的内容，内容想要引人入胜，只有足够丰富并且与时俱进才行。私域流量运营更是如此，及时上新，对产品有规律地更新换代，用户才会复购。如果长时间只有固定的几样商品，时间一久就会流失用户。

要加快品牌企业的上新速度，企业就要加大研发投入，大力扶植技术更新，购入新型设备，鼓励创新发展。如果生产技术和科研力度暂时跟不上，企业可以考虑在包装等方面下功夫，为产品上新和更新换代争取时间。

以上就是影响产品复购率的因素、产品复购率低的原因和简单应对方式，希望能对大家有所帮助。私域流量运营不仅要关注产品的成交额，更要关注产品的复购率，产品复购率提升了，成交额自然也会提高。

9.2　方向选择：自营变现或赚佣变现

在了解私域流量的基本内容之后，面临着一个方向选择的问题：自营变现还是赚佣变现？在互联网行业蓬勃发展的今天，流量变现已经不是个陌生的词汇了，很多人投入了互联网行业和自媒体的浪潮。在账号搭建成功、整个运营步入正轨、发展较为稳定之后，企业都会面临这样的选择。私域流量运营也是这样，面临着自营变现或赚佣变现的选择。

自营变现，就是字面意义上的自营。个人和产品是自己的品牌全部，品牌形象营造、运营行销、产品宣传、品控等只要是能想到的内容，都由自己把控，自己决定，收入也都是自己的。自营变现给了运营者极大的自由，无论是决策自由还是金钱自由。

自营变现收益明显，并且直观。私域流量采取自营变现模式更容易引流固粉，只要私域流量运营账号输出的是优质产品和服务，就非常容易培养出忠实的粉丝。这些粉丝信赖的是个人品牌，对此后输出的所有商品都会有信任感。这就导致私域流量自营变现成交率更高。当自身产品和口碑在市场形成统一时，会有种子用户自发营销，可以轻松达到二次，甚至多次宣传的效果。

但是自营变现也有缺点，自营变现的私域电商的兼容性较差，大部分产品找不到，或者很难找到合适的电商进行产品合作，更不要说共同销售。自营变现对私域电商的商品质量要求远远高于平均水平，因为消费者市场具有非常高的要求。自营变现的私域电商有先天的劣势条件，商品质量差就无法立足。

自营变现的私域电商更容易使用户产生厌恶感，这并不利于自身产品的持续发展，有很大的风险性，而且对于运营者各方面的要求都很高。这一方式适合有流量基础且时间、精力充足，能力成熟，有人脉、资金、能力为自己品牌背书担责的品牌企业和运营者。

网易云音乐就是私域流量自营变现最好的例子。它之所以能在市场上占有一席之地，在众多形态各异的音乐软件中独树一帜，其私域流量变现和在情感社交方面的深度探索功不可没。网易云音乐通过私域流量自营周边商城完成流量变现，这是网易自营变现的一个新模式，也是与自身品牌旗下电商业务结合的一条独特的商业模式。私域流量变现对网易云音乐占据市场起到了重要的推动作用。

赚佣变现，则是帮助商家推广，带货赚取佣金，通常情况下包括内容佣金变现和直播带货佣金变现。这一方式时间上较为自由，对运营者精力和时间的要求并不高，更适合有流量基础、有自我生活的人。

直播、视频带货赚佣变现和内容赚佣变现是常见的私域流量运营赚佣变现的形式，具体如表9-2和表9-3所示。

表9-2　直播、视频带货赚佣变现常见方式

抖音淘客：可开通商品分享功能，视频带货赚佣金	
抖音淘客是抖音的产品共享功能。只需打开商品共享功能，拥有电商工具箱，就能成为电商的主人。这是近年来淘客最流行的方式之一，由于转换效果非常好，受到商家的追捧。一级电子商务人才只具有商品窗口功能；二级电子商务人才具有视频点播和视频电子商务功能，视频中可增加购物车功能，并提供PC终端的后台管理权限；三级电商人才可以通过电子商务直播带货，在直播室添加待售商品，直播时可以展示购物车	操作方法：即便是新手也可以通过创作者中心申请抖音购物车，但需要在创作者中心发布10段短视频，并通过平台的实名认证
西瓜淘客：开通商品橱窗功能，就能边看视频边买	
西瓜视频商品窗口是西瓜视频原作者的产品推广功能。除了创作者，小店客户也可以申请这个功能。打开商品窗口功能后，会有一个电子商务工具箱，可以在发布视频中实现插入淘宝、天猫、京东、考拉等平台的产品赚取佣金（用户边看边买），或者插入自己小店的商品。不仅如此，还可以实现橱窗口袋（购物袋）功能	操作方法：只有拥有1500多名粉丝的原创视频作者才能打开视频商品窗口功能，然后将产品插入视频

私域流量运营实战：
用户沉淀＋商业变现＋风险规避

表9-3　内容赚佣变现常见方式

小红书淘客：开通好物功能，笔记添加商品卡片，享受商品销售分成	
小红书淘客是由小红书推出的一个商品功能，以小红书的创作人才为主。小红书被称为好物推荐平台。创作人才可以将商品卡插入共享便笺，并享受产品指南的销售份额。小红书共享功能商品库中的商品主要来自小红书商城、淘宝、天猫等的商品库	操作方法：根据小红书平台的要求，成为达人首先要求粉丝数量达到5000人，并且有10部作品半年内阅读量超过2000才能开通这个功能权限
微博淘客：开通内容导购，发布微博赚高佣金	
微博淘客是微博推出的内容导购平台，支持机构和人才申请开通内容导购。个人可以申请成为带货大V，帮助企业推广并赚取佣金；也可以申请个体工商户店主推销自己店铺的商品，赚取商品销售差价。专家可以通过创建相关的购物指南内容，使用主题、图片、视频、文章等内容形式来编辑购物指南。微博上推广的商品主要来自阿里的高佣金产品。它可以结合微博购物指南账号的发布量和转发量，根据相关数据分析工具发布内容和导购商品	操作方法：在微博窗口淘客评选申请中，个人粉丝达5000人可申请内容导购；机构需要完成认证，并拥有三个账户，最少5000名粉丝，才能申请开放内容购物指南的许可

　　以上是关于私域流量运营变现两种选择方向的简单介绍。事实上，两种方式各有千秋，没有明显的优劣之分，主要还是看自己更适合哪一个，就选择哪一个。

9.3　私域电商：私域电商变现的三种主流形式

　　私域电商是现在应用广泛的私域流量运营和变现方式，私域电商大多是自营电商变现，变现数据直观。本节就来简单说一说如图9-2所示的私域电商变现的三种主流形式。

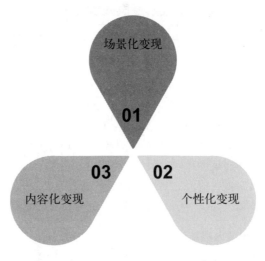

图9-2　私域电商变现的三种主流形式

（1）场景化变现

随着体验式消费推广和实践的普及，消费者追求的消费体验早已远高过从前。为了能将自己的私域流量更好地完成变现转化，私域电商要加快自己的品牌场景化建设，增强自己的品牌内涵，营造良好的消费体验。

体验式消费是指以人为本、以消费者为本的消费模式。在整个过程中，消费者可以切身感受所处购物环境，从环境设计、空间运用和整体服务各方面，获得最大程度上的精神满足。消费者体验的，是私域电商特意营造的具有陌生感、新奇感的消费对象，并从中获得难忘的特殊消费方式。

私域电商的场景化变现要求企业品牌对自身有清晰的认知和规划。在私域电商找不准自己定位的前提条件下，其自然无法确定自己的目标用户，也就无法为消费者构建合适又优质的体验式消费模式。

私域电商场景化关注消费者高阶段的情感需求，是文化艺术与时尚种种因素共同烘托渲染出的，具有发展前景的新营销趋势。场景化营销运营主张对消费者的服务做到极致，但是现在的体验式购物在私域流量方面尚不成熟。私域电商如果无法找准消费者需求，无法精准地进行用户画像，那么就不可能交出一份令人满意的场景化的答卷，不可能精准地最大化完成场景化变现。

私域流量运营实战：
用户沉淀＋商业变现＋风险规避

（2）个性化变现

私域电商的个性化变现要求私域电商建立完整、完善的用户画像体系，也就是拥有完整的用户资产管理体系。在市场需求愈发多样化的现今，个性化早就不是一个陌生的词汇，私域电商更要关注个性化，借此推动自身流量快速有效变现转化。

私域电商的用户画像大多采取层级概念建立，将用户数据条理清晰且明确地展示出来。用户画像是包含画像体系、维度、数据点的自上而下的树状图。画像体系是私域电商根据收集到的用户资料建立的，常见的有基础信息、地理位置、兴趣爱好、设备信息、消费信息等。前两者不必多说，私域电商收集的用户兴趣爱好和消费特征信息，一般来源于用户已有的消费记录、位置信息和不同的语义场景等。管理系统会直接根据用户的兴趣爱好和语义场景为消费者增加相应标签。比如消费者挑选相机，询问了几款相机的性能，私域电商的后台系统就会将消费者归类到摄影爱好者这一类型。

为了更好地完成个性化变现，私域电商一般还会收集用户在社交媒体上的评论信息。因为这些信息是用户的真实需求和想法，具有实时性高、转化率高的特点。但是值得注意的是，个性化用户画像的制订必须考虑各种因素的限制，应避免抽象设计，所有可能出现变量的标签，应该区别对待。

私域电商收集的用户画像信息包括用户的社交图谱、家庭成员、朋友圈、用户长久的消费预期和社交关系网等。后台系统通过用户的社交信息，了解用户自身甚至其周边需求，便于为用户提供针对性的优质服务。

（3）内容化变现

内容化变现应该是最好理解的，就是我们经常说的"产品即内容，二者互相推动"。私域电商的内容化变现借助直播、图文的营销，以及不断优化更新的自身产品的内容。创造产品和内容并不难，但如何高效地进行转化变现很难。市场上的同类产品种类繁多，如何在其中脱颖而出，如何让自己的品牌和产品深入人心，这些都是品牌内容化变现考虑的问题。我们简单地提出几点建议，供大家参考。

首先，搞懂套路，抢占市场。要提前做好市场调研，将自己的产品尽可能地满足更多的市场要求。内容化的一大要求是必须符合市场，必须是精品。市场上的产品如同雨后春笋，消费者经常会在挑选的过程中花了眼、踩了坑。这个时候，如果消费者能够发现一个真正的精品，那么这个品牌内容化的输出就成功了。

其次，实现多维化。私域电商实现多维化的意思，并不是单纯的各个方面都涉及参与，而是要找到有共同点的领域和方向，再去进行努力。私域电商的内容化变现也可以通过这种方式加快转化，私域电商可以通过不同方式来加快内容化变现转化的速度。

最后，也是最重要的一点，就是保持更新频率。我们经常会在文化领域感受到等待内容更新的焦急，但其实私域电商的内容化也是如此。消费者盼望的是有进步、有创新的内容，是会随着外界变革与时俱进的产品，而不是长时间一成不变的产品。私域电商如果能保持一个快速而规律的上新频率，产品就会被消费者记在心里，只要没有本质上的问题，就可以获得消费者的认可，成功完成内容化变现。

以上是私域电商的三种主要变现形式。但是要注意，这三种方法并不是割裂存在的，而是要结合起来才能发挥更好的效果。私域电商在流量成本越来越高的今天，应当大胆尝试各种方式，更快地促进私域电商流量的变现转化。

9.4 增值服务：与免费模式一脉相承的私域增值

在私域流量运营中最常见、也最吸引人的运营模式是免费模式。市面上常见的应用程序都是采用这种模式。免费模式是利用免费作为噱头的最典型营销手段，但它并不是所有内容都免费。这一模式能够快速聚集人气，是因为大众眼中的关键词——免费。

"免费"这个词完美地抓住了用户，说明私域流量运营的信息到达率越来越高。私域流量运营信息的到达率越高，说明私域账户针对用户传播出的信息越精准，这是现代互联网营销传播的基本特征。

在实际私域流量运营的营销推广方案中，传播出的信息的实际数据在目标受众中达到的有效到达比例越高，说明该营销信息传播效果越精准，同时说明此次私域流量营销起到了作用。反之，私域流量运营推广的精准度越低，实际到达用户身边的比例越低，说明该私域流量营销没有达到有效到达率。不仅是在私域流量领域，免费模式无论在哪儿都是一个成功的营销模式。

很多人会有这样的经历：自己被"免费"的幌子吸引进去之后，发现真正免费的部分非常少。免费是用来沉淀用户的。和许多营销手段一样，先给用户一点儿甜头牢牢抓住用户，然后再慢慢渗透自己的真实目的，告诉大家自己还拥有很多增值内容，由这些增值内容完成创收，实现盈利。

这些为私域流量进行创收的增值服务，实际上有投机取巧的成分在里面，虽然是为了追求差异化、个性化的服务。增值服务的真实范围具有可扩展性，并不确定。因为增值服务既包括大众知道的普遍增值服务，也包括大众不太熟知的更深层次的延伸增值服务。

举一个日常生活中的常见例子：在机场候机的时候，大部分人在机场候机大厅进行等候，因为这是免费的，候机大厅是机场的基础建筑；而VIP贵宾室属于机场的额外优待，它不属于基础建筑，是提供给有特殊需求的人的。那些对生活品质有要求的人，他们要求有不一样的候机待遇，VIP贵宾室是为此建立的，满足那些特殊客人对候机的特殊要求。VIP贵宾室就是飞机场的增值服务。

就像大多人都知道的那样，免费模式的套路能成功主要是由于产品所包含的免费部分的基本功能够用。如果免费部分不能满足消费者的日常需求，这个套路根本就无法成为一个营销模式。但在满足生活需求这一基础上，每个人无论是思维还是需求都相互独立，需求多样化、个性化。不同身份和生活环境的用户对于产品附加功能的要求不同。为了满足大部分的市场需求，私域流量增值服务模式应运而生。

增值服务思维和机场的VIP贵宾室服务是同等思路，基础功能可以免费，但是额外的要求就要增值才能服务。这是因为需要额外要求和特殊服务的人是少数，就像机场不会为了贵宾室的人将VIP贵宾室扩建。这些附加服务不是面向所有人的，因为很多人觉得它没有用处。增值就是在特殊人群中做大多数人不需要的特殊服务，而想要接受这项服务的人，统统属于特殊人群。

自从互联网行业出现并蓬勃发展起来，"免费"和"盈利"这种相互矛盾的反义词越来越被关注。对于传统商业而言，这两个让人又爱又恨的词之间的关系非常遥远，就像一枚硬币的两面。免费总是和亏损这样的词语形影不离，而增值服务打破了这一现象。

增值服务被作为连接免费与盈利这两个相反词汇的桥梁大肆宣传，再加上越来越多增值服务的出现，这项服务也被更多人所接受。很多人猜想它不过只有一时热度，但事实上，在现在市场上公众熟知的所有行业的各类产品中，它都仍然存在。

私域流量采用增值服务，主要是由于它的独特优势。对于私域流量来说，增值服务的优势在于它和产品可以融合，不干扰私域流量产品的核心功能，不影响用户体验。另外，私域流量运营可以通过增值服务来区分用户，挑选出优质付费用户作为种子用户，使用其可以区别于普通用户的营销方案，便于私域流量用户的分级管理，便于精确操作，进行针对性营销。

如果产品的信息传递频率足够高，或者私域流量系统的市场调研足够准确，增值服务的针对性会更强，私域流量用户的支付意愿就会明显提升。这个时候，增值服务就可以作为私域流量运营中又一个可靠的变现方式。下面简单总结了如图9-3所示的四种提高增值服务质量的方式。

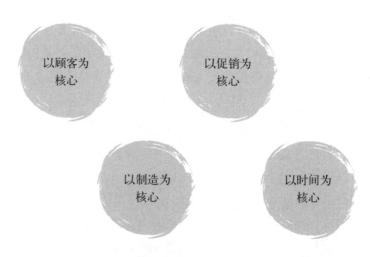

图9-3 提高增值服务质量的四种方式

（1）以顾客为核心

以顾客为核心的增值服务，是私域流量运营中对于增值服务的常见要求。由于私域流量运营的本质还是流量转化，所以它对于用户方面的要求极高。要提供良好的增值服务，就要首先考虑用户。

例如，美国UPS公司开发的独特私域流量服务系统，它专门处理物流增值服务，为批发商配送快餐。这在美国是一个创新，该增值服务与传统的配送服务不同。它通过后台系统处理客户给厂家的订单，对各种情况及时响应，产品可以快速地直接送到门店或客户家中。

和上述的事例一样，我国也有很多物流公司开展了私域增值服务。它们可以在系统中监控交易，并随时根据用户和零售商的不同需要进行处理。该增值服务能及时、持续地对自身和客户补货和送货。这种专业化的私域增值服务起到很大的促进作用，能有效地支持品牌对于新产品的引进，甚至掌握市场资料，更好地完成该品牌产品的季节性分销，提高交易量和交易额。

（2）以促销为核心

以促销为核心的增值服务，是私域流量运营的主要增值服务。它包括为刺激销售而装配了独特配置的销售点，以及为此在线上线下提供的其他各种服务。

私域流量增值服务的销售点展示的产品非常充分，不仅包括来自不同货源和产地的各种产品，甚至还将这些产品组合成套装，单独生成营销方案。大多数时候，私域流量以促销为核心的增值方案都适应特定的零售产品单一销售。

因此我们常能见到，以促销为核心的私域增值服务涵盖了包括储备产品的特别介绍。私域电商所展示的直邮促销、销售点广告也都是增值服务的范畴，包括整个营销过程中涉及的促销材料的物流支持。这种增值服务由于广泛且贴心，更有利于消费者对服务的认可，从而进一步提升产品复购率。

（3）以制造为核心

以制造为核心的增值服务，是私域电商经常会使用到的增值服务，它的最具代表性的体现是个性化定制和个性化服务。每个客户在私域电商订单的实际设施和制造设备都是独一无二的，甚至在理想状态下，私域电商用于配送的物料和内部产品的制造材料和部件都由用户指定定制。比如个性化的手机壳、香水和首饰，甚至是定制款产品、特殊刻字等，这些都是以制造为核心的增值服务包含的内容。这些都由专业人员特别处理，以便保证能在客户订单的时效范围内完成产品，避免造成物流延迟。

（4）以时间为核心

以时间为核心的增值服务在私域电商中的表现，一般是一段时效范围内的增值服务，比如各平台私域VIP等。以时间为核心的增值服务还有另外一种表现形式，那就是准时化。

目前，增值业务的发展并不乐观，即使是在线下平台和其他行业也存在很大的隐患和瓶颈。在中国，用户习惯了免费，这一消费习惯根深蒂固，很少有人愿意为产品增值服务买单，因此私域流量运营时需要培养愿意为品牌产品和其增值服务付费的优质用户。

与此同时，私域运营者还要加强用户管理，安抚普通用户，平衡普通用户和种子用户之间的关系。对私域流量运营而言，所有用户同等重要，不应该因为忽视而造成用户流失。私域流量运营者应该探索引导普通用户转化的方式，使种子用户数量增长，提高转化率。

9.5　私域拼团：帮成员组团购买更低价刚需产品

目前私域流量发展已经渐入佳境，并衍生出很多种形态。而拼团则是近几年新兴的营销模式，其主要借助成员的社交活动，形态是社群。社群和微信凭借远超同类的互动性，成为当仁不让的拼团工具。

私域拼团需要标签化，细致的标签可以帮助用户分类，同时可以更好地有针对性地推出不同的拼团方案，更好地匹配私域拼团的成员。社群和微信是目前最恰当的私域拼团工具,可以聚合不同的生活、购物场景,让参加拼团的每个成员都以低价买到自己的刚需产品。

私域电商为拼团提供了独特的运营节奏,私域拼团是所有团购形式中最接近电商的形式。因为每逢电商购物节,如"双11""618"等,拼团都会跟上电子商务的步伐。调研市场需求,为用户提供更贴近需求的低价刚需产品,无形中会促进用户的消费和购买。

私域拼团主要销售与生活工作相关的日常产品。私域电商实体给予私域拼团更多的团购信任和信息倾斜,以避免团购成员对团长、团主和团购平台失去信任。但是这样的商业模式在线下是行不通的,为了能顺利开展私域拼团,这种倾斜式信任非常重要。现在直播带货已经演变成互联网时代一种流行的方式,甚至已经发展出全民直播的热潮。

而私域拼团作为团购在社交媒体的主要玩法之一,具有一定的用户黏性,这就能降低私域电商获客的成本,同时提高获客效率。私域拼团的常见模式有如图9-4所示的三种。私域电商利用拼团的营销模式创新其推品方式,为自己的营销节约时间。这一方式尤其适应现今社会快节奏的生活,所以被用户广泛接受。

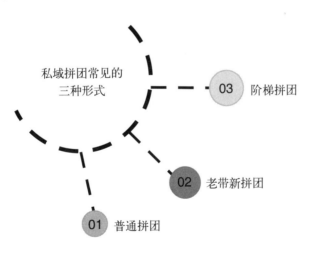

图9-4 私域拼团的常见模式

① 普通拼团 所有用户都可以参与,用户下单开团后,邀请朋友加入团购,以优惠价格购买,可以提高门店转化率。

② 老带新拼团　新老用户都可以订购开群，但只有新用户才能以成员身份入群，主要为了快速裂变获得新客户。

③ 阶梯拼团　人数越多，价格就越低。以低价刺激用户推出更多群组，扩充群内人数，有效裂变。

私域电商开展运营团购需要完整且灵活多元的供应链。但对于用户而言，拼团的门槛特别低，再加上便利，私域电商丰富的供应让方案融合，呈现在用户面前的就会是低价刚需产品，这会让用户产生非常好的购物体验。私域拼团功能充分融合了这两点，可以帮助商家更好地进行推广引流。

私域拼团不仅能给用户留下了便宜、便捷、实用的印象，成为新的大众营销热点，对于私域电商而言也有如图9-5所示的三个优点。

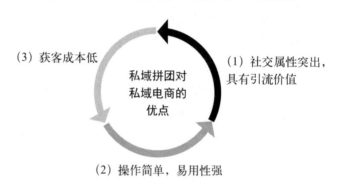

图9-5　私域拼团对私域电商的优点

（1）社交属性突出，具有引流价值

团购的兴起是基于其强烈的社会属性。众所周知，拼团活动大多发生在熟人之间，在无形中增进了朋友之间的社会关系。然而，随着群体营销模式的不断渗透，群体营销的社会化模式正逐渐在素未谋面的陌生人中展开。

私域拼团基于不同的社交场景，对同一圈层人的生活状态和圈层结构进行总结，通过用户转发给其他微信朋友，使得私域电商的粉丝数量裂变式增长。私域拼团主要为有相似需求的人提供商品和服务，这无疑为商家创造了更多的顾客。

（2）操作简单，易用性强

私域拼团活动的运作简单易行。用户在看到一款产品后，可以选择开一个群或者加入一个群，然后通过社交分享邀请更多的朋友加入群；在有效时间内达到团员数量，就可以按优惠价格购买商品。

对于消费者来说，利用原有的社会关系拉拢人心，展现的似乎是"大幅度优惠"的传统营销，利用消费者"图便宜"的固有消费观念；对于私域商家来说，消费者自发转发形成营销环节，大大节约促销成本，这既是一种营销手段，也是一种销售渠道。

（3）获客成本低

对于私域电商而言，如果想吸引更多的关注，用户社交圈无疑是最适宜的入口。而私域拼团营销模式也在不断地发展壮大。这就是所谓的"流量在哪里，业务就在哪里"。通过私域拼团的形式，私域电商可以达到聚集大量粉丝的目的，实现用户和商家的双重效益。通过活动，依托用户自身社交圈的沟通力量促销，私域商家在推出私域拼团活动的过程中为品牌自身做了很好的推广。

私域电商开展私域拼团的目的是通过拼团的形式分享产品，刺激消费，更好地引流。私域电商的拼团活动没有想象中的简单，它经常有最低要求，种子用户享受拼团提供的优惠和福利的前提是邀请好友，且一定得邀请到指定数量的新人好友一起购买才能享受优惠。

这一营销策略的核心其实是口碑获客、口碑营销，本质上是利用用户熟人或半熟人的社交关系链。私域商家以拼团形式，创造大的价格差以刺激用户的购买欲。用户看到私域拼团的信息购买，自发转发形成组团裂变，为私域商家带来新流量。整个私域拼团过程针对不同需求的人群，使用不同的私域拼团、砍价、抢红包、助力等玩法进行营销，并且通过这一过程迅速完成私域流量用户积累。

9.6 【案例】某社区超市的私域拼团实践

近几年来，不少社区超市的生意空前火爆，社区生鲜的竞争也因此而变得愈发激烈。但经过调查发现，社区超市虽然位置优越，但经营仍然存在下述问题。

① 入门门槛低导致分流严重。

在近几年中，很多社区出现了许多生鲜店，这些店面的间隔不远，但社区的客户空间分布是固定的，如果都来竞争瓜分社区的资源和客户，每个店里购物的顾客人数不多，生意收入偏少，难以长时间生存，所以入门门槛低会导致分流严重。

② 生鲜店运输无保障导致成本极高。

在产品运输过程中，商家都会预估产品损耗量，预估自己承担多少的成本。对于生鲜产品，运输过程难免会出现损耗，损耗的原因有运输过程中工作人员的疏忽（例如卸货过程中工作人员力度控制不好，导致产品损坏），或者是销售情况不如人意，产品保存不佳。所以在社区超市销售生鲜品要格外注意和多方面考虑，多吸取别人的教训，否则会承担高额的成本。

③ 社区团购的生长会压制位置优势的生长。

生鲜产品已经入围电商的营业范畴，电商行业这几年很受消费者的青睐，促进了社区团购的疯狂生长。社区团购有几方面的优势，比如，紧紧把握住消费者的消费购物习惯，实现产品的不断优化、消费服务的优化以及流水的增加等。社区超市与社区团购相比存在着一定的弊端，例如缺少商品的种类。顾客想购买平常用的优质产品，然而社区超市有时无法满足顾客的这个需求，所以消费者就不会选择在家门口附近的社区超市消费。

社区超市存在的生存困境还需营业者自己摸索解围。某社区超市就摸索出了以下方式，如图9-6所示。

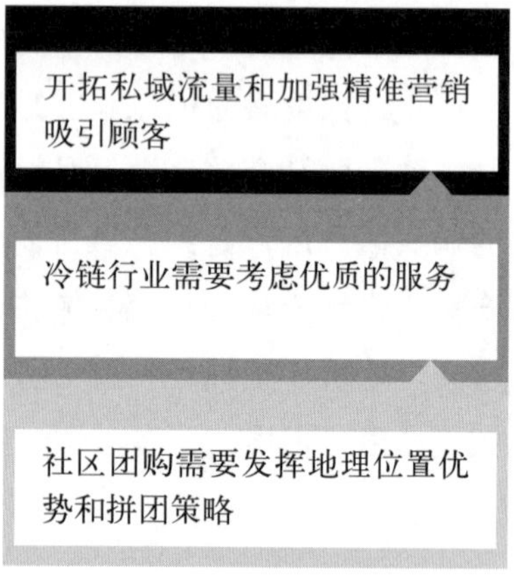

> 开拓私域流量和加强精准营销吸引顾客
>
> 冷链行业需要考虑优质的服务
>
> 社区团购需要发挥地理位置优势和拼团策略

图9-6 某社区超市私域拼团方案

① 开拓私域流量和加强精准营销吸引顾客。

社区消费者的消费心理都是想用最快捷的方式和最优惠的价格买到自己满意的商品，同时也想在购物上花费更少的时间。吸引更多的顾客与私域流

私域流量运营实战：
用户沉淀＋商业变现＋风险规避

量的开拓存在密不可分的关系，社区超市的服务质量也会吸引顾客的消费，例如一些社区超市免费提供无人收银机。无人收银机不仅能进行收银，而且能对销售出去的产品进行大数据分析，这些信息方便商家能更加了解顾客的购物需求，对受欢迎的产品进行多购，及时调整自己的营销方案和服务方案，获取更多的销售利益。

② 冷链行业需要考虑优质的服务。

生鲜产品保存困难，所以生鲜行业需要考虑拥有专业冷链保存能力和运输服务，保证一个社区能拥有一个现代化的综合分拣库，对生鲜品进行贮存、分拣、保鲜。其实仅仅拥有一个仓库是不够的，还要有运输生鲜品的工具，能将生鲜品高效安全地运回社区，提高产品的品质，让顾客更加信赖产品。

③ 社区团购需要发挥地理位置优势和拼团策略。

在社区里开社区超市需要考虑地理位置。社区超市的配送服务，是吸引顾客的一大亮点，能大大减少商品配送的耗时等待。在同一个社区内进行配送能节约更多的时间，也能保证顾客收到商品时商品是优质的，交易也可靠。社区团购也是可以不用出门的，社区居民可以进行拼团购买商品，不用自己一个人进行，同时也能促进邻里关系。社区超市的营销模式要创新，抓住顾客省时省钱省力的购物需求，逐渐迈向数字化和专业化的营销阶段。